可持续发展教育丛书

丛书主编 郝 平

农村中小学可持续发展教育资源开发与利用

徐新容 钱丽霞 著

NONGCUN
ZHONGXIAOXUE
KECHIXU FAZHAN
JIAOYU ZIYUAN
KAIFA YU LIYONG

教育科学出版社

·北 京·

出 版 人　所广一
责任编辑　代周阳
版式设计　杨玲玲
责任校对　贾静芳
责任印制　曲凤玲

图书在版编目（CIP）数据

农村中小学可持续发展教育资源开发与利用／徐新
容，钱丽霞著 . —北京：教育科学出版社，2012.6
（可持续发展教育丛书）
ISBN 978 – 7 – 5041 – 6275 – 5

Ⅰ . ①农…　Ⅱ . ①徐…②钱…　Ⅲ . ①农村学校—中
小学—可持续性发展—教育资源—研究—中国　Ⅳ . ①G63

中国版本图书馆 CIP 数据核字（2012）第 113839 号

可持续发展教育丛书
农村中小学可持续发展教育资源开发与利用
NONGCUN ZHONGXIAOXUE KECHIXU FAZHAN JIAOYU ZIYUAN KAIFA YU LIYONG

出版发行	教育科学出版社				
社　　址	北京·朝阳区安慧北里安园甲 9 号	市场部电话	010 – 64989009		
邮　　编	100101	编辑部电话	010 – 64989422		
传　　真	010 – 64891796	网　　址	http://www.esph.com.cn		
经　　销	各地新华书店				
制　　作	北京金奥都图文制作中心				
印　　刷	北京中科印刷有限公司	版　　次	2012 年 7 月第 1 版		
开　　本	169 毫米×239 毫米　16 开	印　　次	2012 年 7 月第 1 次印刷		
印　　张	12.75	印　　数	1—3 000 册		
字　　数	228 千	定　　价	29.80 元		

如有印装质量问题，请到所购图书销售部门联系调换。

本研究系北京教育科学"十一五"规划 2006 年度重点课题"北京农村中小学可持续发展教育资源整合模式的研究"结题成果

This is the research outcome of the project "*The Study on the Models for Integrating ESD Resources in Rural Primary and Secondary Schools in Beijing*", which is one of the key projects of Beijing Educational Sciences Planning (2006—2010) in 2006.

序

改革开放30年来,大力发展农村教育、努力缩小城乡教育差距,始终是中国教育领域的一大重要发展命题。农村教育在全面建设社会主义和谐社会进程中起着基础性、先导性和全局性的作用。农村教育既是农村发展的基础性条件,又是实现我国教育质量普遍提高的关键,培养适合可持续发展需要的新一代劳动者和新一代农民是关系我国能否实现由人口资源大国向人力资源强国转变的关键。从这个意义上说,农村教育直接关系全面建设小康社会和现代化目标的实现。

在农村改革和农村经济发展的带动下,我国农村教育取得了长足发展。但同时,农村环境、经济、社会、文化领域,包括农村教育事业发展也面临着不断出现的新情况、新问题和新挑战,例如,农村生态环境的严重破坏、自然资源开发与保护的失调、农村物质和非物质文化遗产的破坏等,均成为我国农村事业可持续发展的屏障。

国际可持续发展教育的基本理念是,改变人类的生存方式必须从基础做起,通过教育,促进人形成可持续发展的认识,获得可持续发展的能力。也就是说,从长远看,教育是最终解决可持续发展问题的关键因素,是培养一代高素质、具有可持续发展思想与能力公民的有效途径。

我国开展可持续发展教育实践以来,已经在诸多城市、地区取得了显著成果,通过促进教育质量的提升来实现地区社会、经济、文化以及环境的协调、可持续发展和人的全面、终身发展。广大农村地区是我国建设社会主义小康社会的基础所在,急需以可持续发展教育理念为指导,促进农村教育质量的提升,培养适应新时期发展需要的新一代农民和社会各行各业劳动者,促进农村生态环境保护、社会经济大发展以及文化的大繁荣。

广大农村蕴涵着丰富的、具有地域特色的可持续发展教育资源。科学、有效地对这些资源进行开发、利用和整合，使之成为贴近农村师生生活实际的、具有农村特色的教育资源，将成为在广大农村地区成功推进可持续发展教育的关键。

"十一五"以来，北京教育科学研究院可持续发展教育研究中心钱丽霞研究员、徐新容老师及其研究团队，依据《联合国可持续发展教育十年（2005—2014）国际实施计划以及我国社会主义新农村建设发展战略的要求，组织北京、湖北、湖南、内蒙古等地区近30所农村中小学校开展"农村中小学可持续发展教育资源整合模式的研究"，并总结出了研究成果《农村中小学可持续发展教育资源开发与利用》一书。

我认真阅读了书稿，就我目力所及，在农村中小学推进可持续发展教育，并形成有效实践成果，本书可以说是首例。本书既站在理论的高度，剖析了社会主义新农村建设与农村教育革新、农村学校推进可持续发展教育的关系，理清了教育资源与可持续发展教育资源的基本内涵，归纳、总结出适合我国农村中小学校开发与利用可持续发展教育资源的类别及其整合的模式；又通过实践研究，从社会、文化、环境和经济四个领域归纳出开发、利用和整合农村地区可持续发展教育资源的模式和范例，构建了适合农村发展实际需要的可持续发展教育资源库，给出了提升广大农村教师的可持续发展教育能力的最佳实践案例，初步探索出一条以农村教育资源开发、整合和利用为突破口的农村可持续发展教育实践道路。

相信该书的出版，对全国各个地区、特别是对农村中小学有效利用地区资源，实施可持续发展教育将会产生积极的影响并且提供有益的借鉴。

国家教育咨询委员会委员
国家总督学顾问
联合国教科文组织协会世界联合会副主席
2012 年 2 月

前　言

　　为了落实《联合国可持续发展教育十年（2005—2014）国际实施计划》（以下简称《十年计划》）以及全面贯彻党的十六届五中全会提出的建设社会主义新农村发展战略，"十一五"期间北京教育科学研究院可持续发展教育研究中心确立了北京教育科学规划2006年度重点课题"北京农村中小学可持续发展教育资源整合模式的研究"。中国是一个农业大国，全面建设小康社会最艰巨最繁重的任务在于农村。党中央提出要关注农村、关注农民、关注农业，要把"三农工作"作为全党工作的重中之重。为了实现农村小康社会的建设目标，以科学发展观指导和建设农村，整合农村资源，办好农村教育，"北京农村中小学可持续发展教育资源整合模式的研究"无疑会对农村教育更好地发展起到促进作用。

　　我国正处于社会主义新农村建设的关键阶段，社会主义新农村建设迫切要求构建一个具有中国特色、体现时代要求、满足农民提高自身素质尤其是满足未来农村青少年发展需要的农村教育，新型农民的培养目标呼唤农村教育改革，在社会主义新农村建设中，通过振兴农村教育，促进农村人口向更高文明形态进化，使农村人口掌握现代技术与技能，农村青少年才能承担起社会主义新农村建设的历史使命。社会主义新农村建设需要农村教育。农村教育应在新农村建设进程中以可持续发展教育理念为指导，发挥教育的基础性、先导性作用，承担起培育新型"四有"农村居民的重任。实施可持续发展教育，有助于使现行农村教育适应社会、经济、环境、文化发展的需要。学校教师应开发与利用农村当地的适宜的教育资源，整合农村可持续发展教育资源，提升农村学校教育工作者可持续发展教育的意识与发掘农村可持续发展教育的资源及资源整合的能力，促进农村学校更充分有效地利用可持续发展教育资源，使学生能够借助周边资源，学习科学文化知识，成为"有文化、懂技术、会经营"的新型农村接班人，为新农村建设发挥应有的作用。

基于此，2006年，北京教育科学研究院可持续发展教育研究中心在课题开题最初，组织了北京地区17所农村中小学参与研究，2007年又扩展了湖北地区3所农村中小学、湖南地区2所中小学、内蒙古包头市5所农村中小学参与课题研究，力求在全球的视野上，从大教育观的角度出发，促使农村学校教育发挥为当地社会、经济发展服务的作用，培养社会主义新农村建设者。整个研究从探讨可持续发展教育资源及开发、利用可持续发展教育资源入手，探讨在新课程理念指导下开发与整合农村中小学校内外可持续发展教育资源，旨在寻求农村中小学实施可持续发展教育的特点及资源整合的途径与方法，整体提升农村中小学教育工作者可持续发展教育的意识与因地制宜发掘农村可持续发展教育的资源及资源整合的能力，提高农村中小学教育质量，促使农村中小学生接受有质量且适宜的教育。

全书分上下两篇，其中上篇为理论篇，重点就可持续发展在农村教育中的意义与内涵做出解读，旗帜鲜明地指出可持续发展对我国新农村建设的深远意义，详细介绍了可持续发展教育资源的具体内容，并进一步就农村中小学中可持续教育资源的开发、利用与资源整合模式做了相关研究；下篇为实践篇，针对农村社会、文化、环境和经济领域中可持续发展教育资源的整合进行了实例探讨，内容涵盖了生命安全教育、和谐社会教育、培养传承中华文化意识与行为、培养保护文化遗产意识与行为、培养尊重文化多样性意识与行为、生物多样性保护教育、环境污染防治教育、培养学生"节能减排"意识与行为和引导学生关注现代都市型农业发展诸多方面，是上篇在实践中的展现。

全书由徐新容统稿，第一章"可持续发展教育：农村教育革新发展之路"由钱丽霞、徐新容、郑尚等人执笔；第二章"教育资源与可持续发展教育资源"由徐新容、钱丽霞、冯小敏等人执笔；第三章"农村中小学可持续发展教育资源的开发与利用"由钱丽霞、徐新容、冯小敏、何岩、刘淑蕊、周靖彦等人执笔；第四章"农村中小学可持续发展教育资源整合模式"由郑尚、钱丽霞、甄增瑞、王鹏、焦伟杰等人执笔；第五章"整合农村社会领域可持续发展教育资源实例"由郑尚、王鹏、徐新容等人执笔；第六章"整合农村文化领域可持续发展教育资源实例"由钱丽霞、刘淑蕊等人执笔；第七章

"整合农村环境领域可持续发展教育资源实例"由徐新容执笔；第八章"整合农村经济领域可持续发展教育资源实例"由王鹏执笔。

2012年是联合国教科文组织推进《十年计划》的第八个年头，同时也是联合国环境与发展大会通过《21世纪议程》二十周年，本书的出版恰逢其时。它立足中国农村教育实际与可持续发展教育在中国农村发展的过程，是对可持续发展由理念转变为实践的重要探索，同时也是可持续发展理念在教育领域的具体体现。百年大计，教育为本。本书体现了在推进可持续发展教育的进程中，教育工作者对未来中国科学发展的使命与责任——培养学生具有可持续发展意识，展示了农村可持续发展教育对国家发展和人类未来发展的特殊意义。本书的出版，既是对过去几年中国基础教育落实《十年计划》的最好回应及珍贵献礼，同时也对全球各地持续推进可持续发展教育《十年计划》并形成有效实践成果具有启示意义。

最后，在此对参与课题研究和本书编写的各位领导和老师致以最衷心的谢意。

徐新容　钱丽霞
2012年3月

目　　录

Contents

Part II

上　篇

第一章　可持续发展教育：农村教育革新发展之路

第一节　社会主义新农村建设促进农村教育革新

一、社会主义新农村建设需要农村教育

党的十六届五中全会提出，要扎实推进社会主义新农村建设，这是国家继实施"科教兴国"和"人才强国"战略、全面建设小康社会、构建社会主义和谐社会之后，为进一步推进农村经济和社会发展提出的又一项重大战略。社会主义新农村建设是指，在社会主义制度下，按照"生产发展、生活富裕、乡风文明、村容整洁、管理民主"的新时代要求，对农村进行经济、政治、文化和社会等方面的建设，最终实现把农村建设成为经济繁荣、设施完善、环境优美、文明和谐的社会主义新农村的目标。

资料 1 - 1

社会主义新农村建设的基本内涵

生产发展，是新农村建设的中心环节，是实现其他目标的物质基础。建设社会主义新农村好比修建一幢大厦，经济就是这幢大厦的基础。如果基础不牢固，大厦就无从建起。如果经济不发展，再美好的蓝图也无法变成现实。

生活宽裕，是新农村建设的目的，也是衡量我们工作的基本尺度。只有农民收入上去了，衣食住行改善了，生活水平提高了，新农村建设才能取得实实在在的成果。

乡风文明，是农民素质的反映，体现农村精神文明建设的要求。只有农民群众的思想、文化、道德水平不断提高，崇尚文明、崇尚科学，形成家庭和睦、民风淳朴、互助合作、稳定和谐的良好社会氛围，教育、文化、卫生、体育事业蓬勃发展，新农村建设才是全面的、完整的。

村容整洁，是展现农村新貌的窗口，是实现人与环境和谐发展的必然要求。社会主义新农村呈现在人们眼前的，应该是脏乱差状况从根本上得到治理、人居环境明显改善、农民安居乐业的景象。这是新农村建设最直观的体现。

管理民主，是新农村建设的政治保证，显示了对农民群众政治权利的尊重和维护。只有进一步扩大农村基层民主，完善村民自治制度，真正让农民群众当家做主，才能调动农民群众的积极性，真正建设好社会主义新农村。

（百度百科，2011）

社会主义新农村建设是一个庞大的系统工程，涵盖了经济建设、政治建设、文化建设和社会建设。实现新农村建设的目标，迫切要求构建一个具有中国特色、体现时代要求、满足农民提高自身素质尤其是满足未来农村青少年发展需求的农村教育，为建设社会主义新农村提供强有力的人力与智力支持。

（一）农村教育是社会主义新农村建设的基石

我国是一个农业大国，农业是国民经济的基础，其发展直接影响我国人民的生活水平、社会主义现代化建设与社会稳定，并最终决定着国民经济其他各部门的发展规模和速度，是能否实现社会主义现代化战略目标的关键。因此，必须积极采取措施促进我国农业的发展。当前，教育还无法充分满足我国农业发展的需要，农村教育与农业现代化的目标之间还存在相当大的差距。只有发展好农村教育，办好农村学校，才能将巨大的农村人口压力转化为人力资源优势，推动农村经济社会全面、协调、可持续发展，实现建设社会主义新农村的目标；同时，教育也是现代农业的基础，进一步解放和发展农村生产力，必须加快发展农村教育，培养新型农民，把农村经济社会发展转移到依靠科技进步和提高劳动力素质的轨道上来。温家宝总理曾明确指出："没有农村全面'普九'，没有农民素质的全面提高，就很难实现全面小康，我们必须充分认识到农村教育在全面建设小康社会中的基础性、先导性、全局性作用。"（温家宝，2003）只有大力发展农村教育，才能培养出大批的新农村建设者，才能促进农村生产的发展，才能促进农村文化的繁荣，才能改变农村的面貌，才能使农村居民的生活变得美好。总之，建设新农村需要新型农村居民，而新型农村居民的培养离不开教育。农村教育是推进农业现代化的必由之路。

（二）农村教育是改善农村社会经济生活的先决条件

教育质量与经济发展相辅相成、紧密相连，经济发展决定教育发展的规模

单位：元

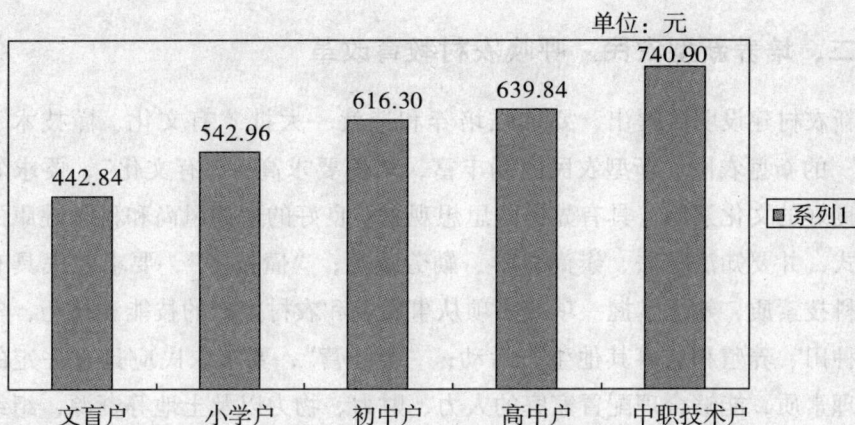

图 1-1　1989 年农户文化程度与收入关系

与速度，教育发展则推进经济的发展，如果离开教育，经济不能发展或只能是空中楼阁。农村经济的发展离不开农村教育，"据国家统计局 1989 年对 67000 户农民的调查，文化程度与人均收入的关系是：文盲户 442.84 元，小学户 542.96 元，初中户 616.30 元，高中户 639.84 元，中等职业技术户 740.90 元。"（解思忠，1998）农村人口受教育程度的高低与农村人口收入的高低成正比，无疑说明了农村教育对农村经济发展的促进作用。（岳朝辉，2009）改革开放以来，我国农村经济的发展有目共睹。但不可否认的是，农村教育的落后仍旧影响我国农村生产力的发展、农民收入的增加以及农民生活水平的提高。因此，在社会主义新农村建设中，应该加强农村教育。

（三）农村教育肩负培育和造就新型农民的重任

农民是建设社会主义新农村的主体，农民素质的高低决定了农村社会发展的速度和质量。全面提高农村人口素质是建设社会主义新农村的关键。

新农村建设的未来在农村青少年身上，教育肩负着为社会主义新农村建设培养新人的重任。新农村建设中的农村教育，不是只培养少数"精英"，而是培养出像蒲公英一样成千上万的遍布农村的一大批有理想、有道德、有纪律、有文化、有知识、有技术、有创新精神和实践能力的建设者。

总之，在社会主义新农村建设中，通过振兴农村教育，促进农村人口向更高文明形态进化，使农村人口掌握现代化技术与技能，农村青少年才能承担起社会主义新农村建设的历史使命。

二、培养新型农民　呼唤农村教育改革

新农村建设明确提出，要加强培养和造就一大批"有文化、懂技术、会经营"的新型农民。新型农民内涵丰富，培养要求高："有文化"，要求农民具备良好的文化素质，具有先进的思想观念、良好的道德风尚和科学健康的生活方式，并要知法守法、崇尚科学、勤劳致富；"懂技术"，要求农民具有较高的科技素质，熟练掌握一项或多项从事农业和农村生产的技能和技巧，实现科学种田、养殖和从事其他生产活动；"会经营"，要求农民应具有一定的经营管理素质，能够合理配置家庭的人力、财力、物力以及土地等资源，组织生产和参与市场经营活动，获得经济效益。随着科技进步、先进文化发展，新型农民的内涵和要求也将随之提高。

实现上述目标，农村教育需要肩负提高农村人口科学文化水平和思想道德水平，培养"有理想、有文化、有道德、有纪律"的四有农民的重任，农村教育内容应凸显公民基本素质教育和农业技术职业教育。

资料 1 - 2

培养"四有农民"和"新型农民"的农村教育内容

公民基本素质教育　提升农民的思想道德素质和科学文化素质，培养先进的思想观念、良好的道德风尚和科学健康的生活方式，塑造公德意识、文明意识、国家意识和民主法制意识。

农业技术职业教育　在结合农业和农村发展实际的基础上，培养拥有先进的职业技能和农业科技知识的"有文化、懂技术、会经营"的新型农民的劳动者。

（王岚，2010）

三、制约农村教育发展的瓶颈

（一）影响农村可持续发展的问题

1. 粮食安全隐患重重

民以食为天，任何社会的可持续发展都离不开粮食的持续供给与支持。然

而我国地少人多的现状使得我国的粮食问题一直处于危险的边缘，粮食安全问题将始终是我国可持续发展问题中的重中之重。随着全球气候变暖，极端气候事件会发生得越来越频繁，未来气候变化会增加我国粮食生产的不确定性。我国目前农田水利基础设施建设整体薄弱，尤其是部分地区小型农田水利建设严重滞后，建设用地对耕地的侵占、土地肥力的下降等问题依然存在，这样的局面持续下去，将对我国的粮食安全产生巨大的挑战。

2. 自然资源被过度采伐

自然资源作为第二大传统要素，是经济增长的基础。保持自然资源的可持续发展，是实现经济可持续发展的重心所在。然而由于自然资源在采伐上没有或少有短期成本，过度开采森林、过度索取草地、过度捕鱼、过度采矿等一些对自然资源滥采乱伐的现象仍然在我国部分农村地区存在。自然界发展的规律是不以人的意志为转移的，人类的生活和生产适应或遵循了自然界的发展规律，就有了可靠的保证。反之，就会受到自然规律的惩罚。（惠寄 等，2005）

3. 生态环境恶性破坏

由于自然资源的过度采伐，我国已经出现森林退化、土地沙化、空气和水污染、生物多样性的丧失等一系列生态环境被恶性破坏的问题。同时，我国农村在生态环境管理方面仍然采取较为粗放的管理方式，这加重了其对生态环境的破坏性：秸秆、木炭燃料依旧使用，农药化肥过度使用，垃圾污水任意排放等进一步损害了生态环境的自我修复能力。

4. 卫生环境改善微弱

农村卫生环境的基本面貌可以用以下数据概括：一半的行政村没有通自来水，多半农户没有卫生的厕所，绝大部分地方没有垃圾收集和处理手段。近20年来，化肥日渐代替有机肥，不但造成禽畜粪便和人粪尿的严重浪费，污染环境，还形成了化肥与人畜禽粪便双污染。

5. 文化多样性的丧失、遗址遗迹的毁坏

中国是个多民族国家，每一个民族都拥有着具有自身特色的历史与文化。然而现代化的发展使得这种文化格局受到了冲击，工业化、城镇化的进程使得人们在生活形态、文化理念方面出现了趋同的趋势。这种文化多样性的丧失已经不仅发生在城市，更已波及我国广大农村地区。地方性文化的被同化和"碎化"，导致农村多样性文化的丧失并将进一步危害我国文化事业的健康发展。与此同时，由于愚昧和无知，农村的文化遗产遭受严重的破坏。众所周知，山西省是中国古代文化圣地，著名的丁村遗址、龙山文化、仰韶文化全出于此，可在 20 世纪 80 年代，当地农民盗掘古墓 382 座，其中九原山 255 座秦汉古墓遭受严重破坏。

6. 已建可持续发展项目后期跟进不足

当前，党和政府高度重视农村可持续发展问题，也正在采取各种措施促进我国农村地区的可持续发展，并取得了一定的成效。然而一个突出的矛盾是，已建可持续发展项目在后期跟进方面力度明显不够，比如，风能、小水电等能源利用设施的后期维护，沼气灶、生态农业等相关知识的普及与推广，等等。这些后期的跟进力度直接影响到建设项目的实施效果，也影响着农民对可持续发展的态度与观念。因此，加强已建可持续发展项目的后期维护和技术宣传同样是我国农村可持续发展中值得注意的问题。

7. 信息化程度相对较低

农村信息化是建设现代农业、标准化农业，提高农业竞争力的必然要求：开设网上农产品超市，实现网上交易，发展"订单农业"，可以引导农民放心、放手进行农业结构调整；利用信息平台推广合理施肥、节水灌溉、良种推荐、病虫草害综合防治、栽培管理、市场需求等信息技术则能直接提高农民的科技水平。然而，我国目前农村信息化建设水平仍然相对较低，极大地制约了现代农业的又好又快发展。

8. 出生性别比严重失调

农村出生性别比的严重失调，给社会发展带来风险。由于"重男轻女"思想在我国农村大部分地区存留，我国农村的出生性别比例失调严重。失调的出生婴儿性别比严重阻碍着我国人口的和谐、持续和健康发展。

（二）农村教育发展的问题

众所周知，农村教育在促进当地经济、社会发展中具有基础性、全面性的作用。但是，在新农村建设过程中，农村教育也面临诸多问题和挑战。

1. 农村教育目标错位

《中国教育改革和发展纲要》（以下简称《纲要》）强调指出："教育必须为社会主义现代化建设服务，与生产劳动相结合，自觉地服从和服务于经济建设这个中心，促进社会的全面进步。"《纲要》指明了办学方向，规定了办教育的总目标。然而，长期以来，由于受到社会经济、政策制度、文化思想等因素的影响，我国农村教育的办学指导思想存在"城市中心"取向，为农服务的自觉意识不强。农村教育成为城市教育的"翻版"，农村学校课程和教学内容不同程度地存在着脱离农村生产和生活实际的问题，不少农村学校把追求升学率作为奋斗目标，重文化知识的传授、轻职业技能的培养，农村教育"千军万马过独木桥"的局面还没有根本改观。

2. 农村教育缺乏稳定、高素质的师资队伍

美国著名学者琳达·达林－哈蒙德曾指出："对学生的成就来说，教师质量这个变量比其他变量要重要得多。"农村师资队伍的素质，直接关系到农村教育质量的优劣，关系到能否为农业生产培养出优秀的劳动后备力量。教师是人类文化科学知识的继承者和传播者，在当代生产技术日新月异的条件下，教师的劳动对社会生产力和农业的发展更具有重要意义。从目前情况看，我国农村中小学教师队伍不稳定，中小学教师流失比较严重。同时，在农村中小学任教的教师学历层次以及教育教学观念亟待提高。从某种意义上说："基础教育改革和发展的希望在教师，关键是要稳定教师队伍，加强教师队伍建设，否则，基础教育改革、教育质量的提高就是句空话。"（李小融，1995）农村教育的发展取决于农村教师队伍整体素质的提高。农村教师队伍目前的状况，远没有达到农村教育发展和新课程改革的要求，必须进一步加强建设和管理。

3. 农村教育缺乏因地制宜的教育内容

理论与实践的统一是马克思主义的基本原理与方法，理论指导实践的同时也靠实践进行验证，孤立地注重其中某一方面是片面的，必将产生认识上与行动上的错误。农村教育改革必须全面贯彻党的教育方针，更新教育思想，坚持为"三农"服务的方向，拓宽教育服务领域，增强教学的针对性和实效性，从而满足农村人口多样化的学习需求。……农村中小学在实现国家规定的基础教育基本要求时，要紧密联系农村实际，突出农村特色。（温家宝，2003）但长期以来，农村学校教育内容不同程度地存在着脱离农村生产和生活实际，教师仍采用"从书本到书本"的教育模式，忽视了利用地域资源对学生农业技能的培养教育。早在20世纪初期，陶行知先生就指出，"中国乡村教育走错了路！它教人离开乡下向城里跑，它教人吃饭不种稻，穿衣不种棉，做房子不造林；它教人羡慕奢华，看不起务农……"（陶行知，2006）

第二节　整合可持续发展教育资源　促进农村教育发展

一、可持续发展教育赋予农村教育新内容

　　面对上述新农村建设中影响农村可持续发展的问题以及制约农村教育发展的瓶颈，农村教育如何为新农村建设服务，如何适应新农村建设发展的需要，已成为农村教育改革的关键。

　　2005年3月，《联合国可持续发展教育十年（2005—2014）国际实施计划》（以下简称《十年计划》）发布后，各国政府承诺开展可持续发展教育。该计划明确指出，可持续发展教育（Education for Sustainable Development）属于每一个人，它包括终身学习、正规教育与非正规教育，从早期教育到成人教育、职业教育、高等教育、农村教育等，都可以进行可持续发展教育。同时，该计划将可持续发展教育定义为，可持续发展教育是以尊重为核心的价值观教育，其主要内容包括：（1）尊重所有人的尊严和权利，承诺对所有人的社会和经济公正；（2）尊重后代人的权利，承诺代际间的责任；（3）尊重人类生存的环境，承诺保护与恢复地球生态系统；（4）尊重文化多样性，承诺在地方和全球建设宽容、非暴力、和平的文化。（罗洁 等，2008）

　　可持续发展教育重点关注社会、文化、环境、经济领域可持续发展中的现实与未来问题，具体内容包括：在社会领域中，开展生命与安全、公民权利与责任、和谐社会的教育；在文化领域中，开展传承中华优秀传统文化、世界遗产、尊重文化多样性的教育；在环境领域中，开展环境保护与污染防治、自然灾害预防的教育；在经济领域中，开展循环经济与绿色消费、农村发展与可持续城市化等方面的教育。

　　从可持续发展教育的基本内涵、内容的基本定位与新农村建设基本要求内容的对比中可以看出，可持续发展教育涉及的内容与新农村建设目标要求有高度的一致性（见图1-2）。

　　新农村建设首要任务是通过民主管理与教育，提高农村居民的素质以及生命与生活质量，这与可持续发展教育的社会领域涉及的内容相同；其次，新农村建设倡导乡风文明，发展农村文化设施，丰富农民精神文化生活的要求，与可持续发展教育的文化领域教育内容相关；再次，新农村建设倡导村容整洁，

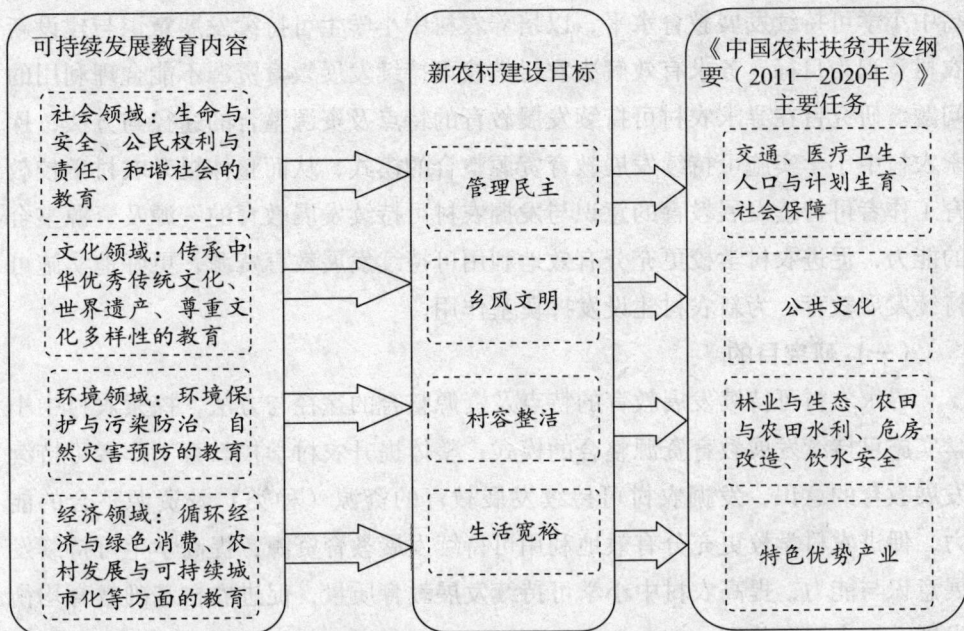

图1-2　可持续发展教育与新农村建设要求的关系

建设村镇，改善环境（住房改造、垃圾处理、安全用水、道路整治、村屯绿化等内容），符合可持续发展教育的环境领域教育的内容要求；最后，新农村建设提出的发展经济、增加收入，通过高产高效、优质特色、规模经营等产业化手段，提高农业生产效益的要求，与可持续发展教育的经济领域教育内容一致。

总之，国际社会倡导的可持续发展教育已赋予农村教育新内容。农村教育应在新农村建设进程中以可持续发展教育理念为指导，发挥教育的基础性、先导性作用，承担起培育新型"四有"农村居民的重任。

二、开发与利用可持续发展教育资源，提高农村教育的实效性

面对上述提及的农村教育问题，本研究认为，实施可持续发展教育，有助于使现行农村教育适应社会、经济、环境、文化发展的需要，准确定位，务本求实。而有效实施可持续发展教育，培养新型"四有"农村居民，还需要学校教师开发和利用农村当地适宜的教育资源，使学生能够借助周边资源，学习科学文化知识，成为"有文化、懂技术、会经营"的新型农村建设接班人。

基于此考虑，本研究以整合农村可持续发展教育资源为突破口，致力于提

高中小学可持续发展教育水平，以培养农村中小学生可持续发展意识与建设新农村意识为目标，务求有效解决农村学校可持续发展教育资源不能合理利用的问题。研究旨在寻求农村可持续发展教育的特点及资源整合的途径与方法，探索农村中小学实施可持续发展教育资源整合的模式，从而整体提升农村学校教育工作者可持续发展教育的意识与发掘农村可持续发展教育的资源及资源整合的能力，促进农村学校更充分有效地利用可持续发展教育资源，更好地实施可持续发展教育，为新农村建设发挥奠基作用。

（一）研究目的

寻求农村可持续发展教育的特点及资源整合的途径与方法，探索农村中小学实施可持续发展教育资源整合的模式；整体提升农村学校教育工作者可持续发展教育的意识，发掘农村可持续发展教育的资源（种类）及资源整合的能力，促进农村学校更充分有效地利用可持续发展教育资源；提高学生可持续发展意识与能力，提高农村中小学可持续发展教育质量，促进农村基础教育均衡发展，缩小城乡差别。

（二）研究方法与内容

本研究重点探讨以下几个问题。

首先，探讨教育资源与可持续发展教育资源的基本内涵以及农村中小学利用可持续发展教育资源促进农村教育改革的价值。

其次，采用实地观察、问卷调查、访谈等方法，对农村中小学可持续发展教育资源开发与利用的现状进行调查。

再次，利用案例研究以及经验总结的方法，探讨农村中小学可持续发展教育资源整合的实践策略与方法。

最后，总结、提炼、形成适于农村中小学的可持续发展教育资源整合模式。

（三）实施原则

1. 以价值观为导向的原则

以尊重当代人和后代人、尊重差异性与多样性、尊重环境、尊重地球资源为核心的可持续发展价值观为教育导向。

2. 跨学科和整体性原则

以跨学科的方式开展可持续发展教育，并用综合的观点对各学科开展可持续发展教育进行整体规划和系统实施，将这一教育融入课程体系与学校教育教学的全过程中，注重整合各学科、课内外、校内外的相关教育资源，探索可持续发展价值观、知识与能力的跨学科整体推进教育模式。

3. 创新原则

党的十六届三中全会指出，农村集体经济组织要推进制度创新，增强服务功能。支持农民按照自愿、自主的原则，发展各种形式的农村专业合作组织。农村教育为适应新农村建设的需要，要着力培养新一代农民的创新意识与能力。

中小学的创新教育是一项系统工程，它是以培养学生创新精神和实践能力为目标，切切实实地使学生成为学习的主人，逐步改变现行中小学教育过程中压抑学生个性及创造性的内容，让学生渐趋形成可持续发展的意识，培养学生的创新能力。

4. 因地制宜与合作原则

《十年计划》从环境与经济的视角关注农村发展，"教育活动必须与农村社区的具体需要相联系，使他们具有抓住发展经济机会、改进生计和提高生活质量的技能和能力。农村需要适应各个年龄段的、正规的、非正规的、非正式的跨部门的教育"。因此，各级教育行政部门与学校主动同社区、家庭、企业、非政府组织等建立广泛的合作网络，注意发挥各主体的积极性与教育优势，共同推进可持续发展教育。

建设社会主义新农村必须坚持因地制宜、分类指导，以点带面、典型示范，民主决策、规范运作。发展农村合作经济组织，要从实际出发，根据农业生产经营发展的需要，坚持因地制宜、形式多样、符合实际、有利于提高农民组织化程度的原则。因此，培养建设社会主义新农村的新型农民必须坚持因地制宜原则。

农村中小学可持续发展教育应注重将认识与解决本地区可持续发展实际问题纳入教育内容，反映和满足地方可持续发展的需求，促进中小学可持续发展教育同各区县、各社区、各学校的自主发展紧密结合。

参考文献

［1］百度百科. 2011. 社会主义新农村建设［EB/OL］.（2011 – 11 – 13）［2012 – 03 – 10］. http：//baike. baidu. com/view/326969. htm.

［2］惠寄，张宝臣. 2007. 论农村教育与农业发展［EB/OL］.（2007 – 09 – 21）［2012

－03－10］. http：//epc. swu. edu. cn/article. php？aid＝855.

［3］李小融 . 1995. 中国基础教育问题［M］. 长沙：湖南教育出版社：354.

［4］罗洁，钱丽霞，等 . 2008. 在我们的学校引入可持续发展教育［M］. 北京：教育
科学出版社：1.

［5］陶行知 . 2006. 陶行知名篇精选［M］. 北京：教育科学出版社：45.

［6］王岚 . 2010. 新农村建设中的农村教育问题及对策［J］. 农业技术与装备（2）.

［7］温家宝 . 2003. 在全国农村教育工作会议上的讲话［EB/OL］.（2003－10－29）
［2012－03－10］. http：//www. chinanews. com/n/2003－10－29/26/362536. html.

［8］解思忠 . 1998. 国民素质忧思录［M］. 北京：作家出版社，118.

［9］岳朝辉 . 2009. 社会主义新农村建设视野下我国农村教育的困境与出路［EB/OL］.
（2009－08－13）［2012－03－10］. http：//www. studa. net/nongcun/090813/
16305029. html.

第二章 教育资源与可持续发展教育资源

第一节　资源与教育资源

一、资源的基本含义

（一）关于资源的界定

首先，资源是指自然资源，是人类生存和发展的基础。

所谓资源，特别是自然资源是指在一定时期、地点条件下能够产生经济价值，以提高人类当前和将来福利的自然因素和条件。

　　　　　　　　　　　　　　　　　　　　　　——联合国环境规划署

其次，资源的范围除了包含以上的自然资源，还扩展到了社会资源。马克思（1975）在《资本论》中指出："劳动和土地，是财富两个原始的形成要素。"恩格斯提出：劳动和自然界在一起才是一切财富的源泉，自然界为劳动提供材料，劳动把材料变为财富。马克思、恩格斯的论述，既指出了自然资源的客观存在，又把人包括劳动力和技术的因素视为财富的另一不可或缺的来源。

资源进一步被分为自然资源和社会资源两类。自然资源是指人类可利用的自然生成的物质与能量；社会资源指人类通过自身劳动，在开发利用自然资源的过程中的物质与精神财富。

　　　　　　　　　　　　　　　　——《中国资源科学百科全书·资源科学》

综上所述，资源不仅包括自然资源，而且包括人类劳动的社会、经济、技术等因素，还涵盖了人力、人才、智力等资源。

（二）资源概念的演进

随着社会、科技、信息技术、文化等的发展，人们对资源的理解越来越丰富，在范畴界定上其视角也越来越多元。迄今为止，人们对于资源的认识和理解大致分为四个发展阶段（如图 2 - 1 所示）。

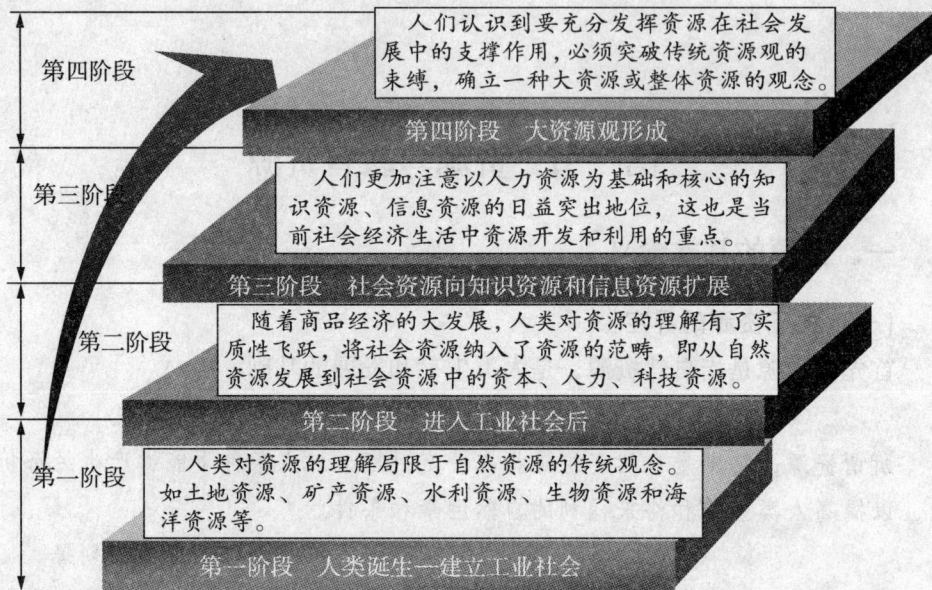

第四阶段

人们认识到要充分发挥资源在社会发展中的支撑作用，必须突破传统资源观的束缚，确立一种大资源或整体资源的观念。

第四阶段　大资源观形成

第三阶段

人们更加注意以人力资源为基础和核心的知识资源、信息资源的日益突出地位，这也是当前社会经济生活中资源开发和利用的重点。

第三阶段　社会资源向知识资源和信息资源扩展

第二阶段

随着商品经济的大发展，人类对资源的理解有了实质性飞跃，将社会资源纳入了资源的范畴，即从自然资源发展到社会资源中的资本、人力、科技资源。

第二阶段　进入工业社会后

第一阶段

人类对资源的理解局限于自然资源的传统观念。如土地资源、矿产资源、水利资源、生物资源和海洋资源等。

第一阶段　人类诞生—建立工业社会

图 2 - 1　资源概念发展的四个阶段

分析资源概念的变化过程、现实状况以及未来社会经济发展的需要，我们认为，所谓资源是指在一定的社会历史条件下存在的，能够满足人类需要，并可以为人类开发利用，在社会的政治、经济、文化活动中经由人类劳动而创造出财富的各种要素的总和。（陈华洲，2007）

二、教育资源的内涵

（一）教育资源的含义

教育资源是学校进行教育活动、谋求教育发展的基础。早期，人们将教育资源概念概括为人、财、物三个方面。教育资源一词最早产生于教育经济学领域，因此，从它一产生就带有明显的经济学特征。教育资源也称"教育经济条件"，教育过程中所占用、使用和消耗的人力、物力和财力资源，即人力资源、物力资源和财力资源的总和。人力资源包括教育者人力资源和受教育者人力资源等。物力资源是指学校中的固定资产、材料和低值易耗物品等。财力资源是指人力、物力的货币形式，包括人员消耗部分和公用消费部分。（顾明远，1998）在我国的教育研究领域，对教育资源的界定基本都是以此为基础的。

随着资源内涵的丰富化和教育研究的不断深入，教育资源的概念也逐渐丰富。学者 L. Jones 等（1983）认为教育资源指以某种方式影响学生学习的人、财、物、事投入的总和，包括教师、家长、管理人员、课本、文具、校舍、教学时间、教育经费等，在一切教育资源中，教育经费可以看做是几乎所有其他资源必须依赖的基础性资源。

进入知识经济和信息社会以来，随着对资源理解的扩展，人们也逐渐认识到教育资源中的信息、知识资源等。何克抗（2002）认为："资源是指在学习过程中可被学习者利用的一切因素，主要包括支持学习的人、物、财、信息等。"

康宁（2005）则把教育资源的概念进一步拓展为人力资源、物力资源、财力资源、信息资源、时空资源、制度资源等几个方面。

在分析和研究了上述学者们的不同观点后，根据已有的教育实践，本研究对教育资源的界定是：教育资源是有利于学生学习和健康发展的，以保证教育教学活动正常进行为基本功能，维持、组成、参与并服务于教育教学的系统总和，包括人力资源、物力资源、财力资源、信息资源、制度资源等。（如图2－2所示）。

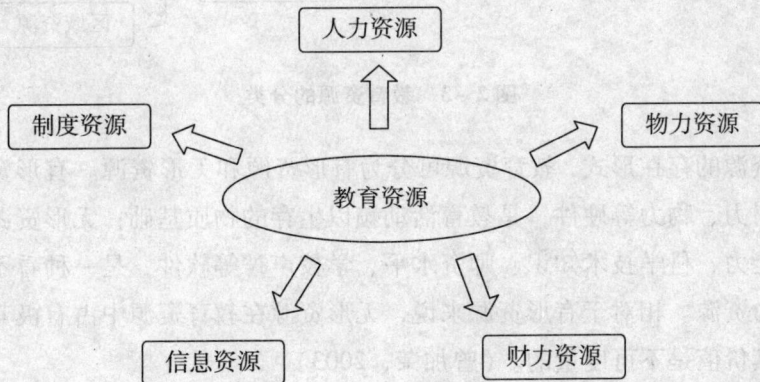

图 2－2　教育资源系统

其中，人力资源、物力资源、财力资源等为基础性资源，是教育活动得以运转的基础和前提。而信息资源作为一种非物质资源，在教育资源系统中的作用越来越重要。随着科学技术的进步，信息化成为时代发展越来越凸显的特征，特别是随着网络的普及，信息资源突破了时空的局限，将部分地取代人、财、物的功能，使优质资源共享成为可能。另外，制度资源是非物质社会性资源，这类资源虽然不能作为独立的要素直接参与教育过程中，但这些资源在教育资源系统中直接或间接地影响人、财、物等物质性资源的获取，是不能忽视的重要教育资源。

（二）教育资源的分类

可以从资源的存在形式、功能特点、所处空间等方面对教育资源进行分类（见图 2-3）。

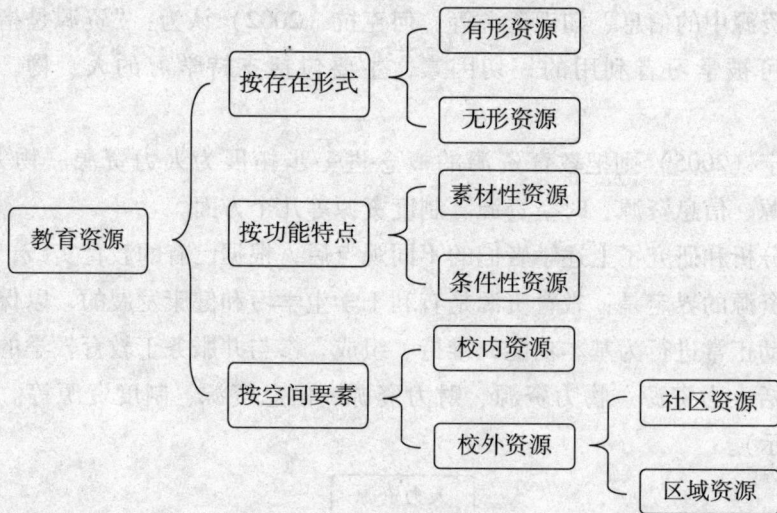

图 2-3　教育资源的分类

按资源的存在形式，教育资源可分为有形资源和无形资源。有形资源包括人力、财力、物力等硬件，是教育活动赖以生存的物质基础；无形资源包括教育管理能力、科学技术知识、师资水平、学校声誉等软件，是一种看不见的智力或人力资源。相对于有形资源来说，无形资源在教育资源中占有极其重要的地位，其价值是不可度量的。（曾加荣，2003）

按功能特点，教育资源可分为素材性资源（知识、技能、经验、活动方式与方法；情感态度价值观以及培养目标等，又称直接资源）和条件性资源（人力、财力、物力，时间、场地、媒介、设备、设施、环境，又称间接资源）。

　　按空间要素，教育资源可分为：校内教育资源和校外教育资源。校内教育资源就是学校内部的各种有形无形的教育资源。校外教育资源可分为学校周边的社区资源和地域资源。校外资源中的社区资源主要是指学校所在社区中存在的教育资源；而地域资源主要指在更大范围（除社区外）可供使用的公共资源，如博物馆、湿地、烈士陵园等。

　　除此之外，教育资源还可以按照性质、形态、载体等来划分，在此不一一列举。

（三）教育资源的特点

　　教育资源具有稀缺性、多用性、不均衡性、潜在性等基本特点。

　　1. 稀缺性

　　同一般的社会资源一样，稀缺性是教育资源的一个最基本特征。教育资源的稀缺性有三层含义：一是指用于教育的资源本身是有限的，如学校数量的有限性，特别是优质学校的数量稀少以及高等教育规模的有限性等难以满足更多人群的需要。二是指使教育得以进行的各种社会资源利用上的不便利，如路途较远、因生产原因无法接待学生参观学习等。三是指教育经费的短缺以及保证教育活动有效运作的制度安排的缺失。教育资源的稀缺性使得围绕获取教育资源，特别是优质的教育资源展开的竞争不可避免，各种矛盾和冲突也由此而生。

　　2. 多用性

　　教育资源的多用性是指在教育部门内部，教育资源可以有不同的分配。学校可利用的同一种教育资源也具有多种用途。比如，同一批经费，可以分配给小学、初中、高中等不同类别的学校，或同一类别但不同发展水平的学校。由于不同类别学校的特点不同，同一类别不同发展水平的学校对资源整合利用的能力不同，教育资源的不同分配会影响到资源效率与效益的发挥。对同一个教育资源，可以用于学科教学，也可以用于社会实践。

　　3. 不均衡性

　　自然资源的分布是不均衡的，不同区域有不同的资源优势，也存在着资源的空白或劣势。同样教育资源的分布也具有明显的不均衡性，特别是在我国这样的发展中国家，人口众多、发展基础和速度差异明显以及历史的原因等。教育资源分布的不均衡在我国目前主要表现在三个方面：地区不均衡、城乡不均衡、阶层不均衡。为了达到经济社会文化的和谐发展，必然要求教育资源配置逐步实现均衡化。不均衡性是教育资源存在的一种常态，均衡则是相对的。

4. 潜在性

由于人的认识能力和科学技术发展水平的局限，使得教育资源呈现出潜在性特征。这种潜在性主要表现为两个方面：一是有些可供人类利用的资源尚未被认识和发现；二是已经发现的资源的功能未被充分开发。教育资源的这种潜在性，要求教育者不断地进行资源开发和利用。

第二节　可持续发展教育资源

一、可持续发展教育资源的含义

《北京市中小学可持续发展教育指导纲要》指出：可持续发展教育是以尊重当代人与后代人、尊重差异性与多样性、尊重环境和尊重地球资源为核心的价值观教育，目的在于使受教育者获得为积极参与可持续发展所需要的科学知识、价值观念、行为习惯和生活方式，进而促进社会、文化、经济与环境的可持续发展。（罗洁 等，2008）

可持续发展教育涉及社会、文化、环境与经济四个领域的内容，本研究将

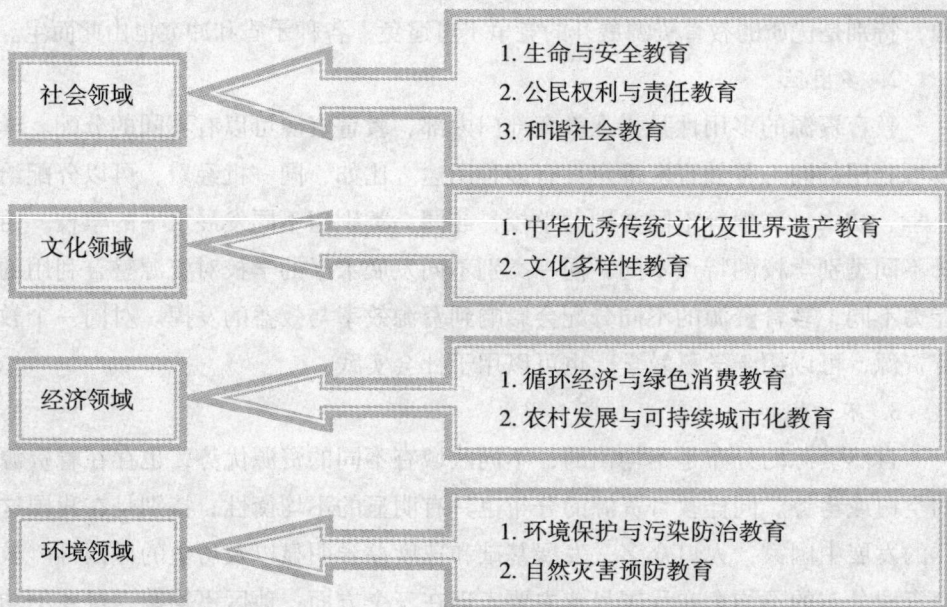

社会领域	1. 生命与安全教育 2. 公民权利与责任教育 3. 和谐社会教育
文化领域	1. 中华优秀传统文化及世界遗产教育 2. 文化多样性教育
经济领域	1. 循环经济与绿色消费教育 2. 农村发展与可持续城市化教育
环境领域	1. 环境保护与污染防治教育 2. 自然灾害预防教育

图 2 - 4　可持续发展教育内容

可持续发展教育内容设定在这四个领域中的九个主题范围内。

可持续发展教育资源是指为可持续发展教育服务的教育资源，具体来讲，是指为有效实施可持续发展教育教学活动，培养学生形成以尊重为核心的可持续发展价值观，提升其可持续发展意识、能力与行为的社会、文化、经济、环境领域等九个主题内容的教育资源的总和。

（一）社会领域的可持续发展教育资源

社会领域的可持续发展教育资源是指对学生进行生命与安全、公民权利与责任、和谐社会等方面教育的可持续发展教育资源。社会领域的可持续发展教育资源包括：对学生进行生命与安全教育，帮助学生形成可持续的健康的生活方式，提高生命质量，理解生命的意义和价值的资源；对学生进行公民权利与责任教育，帮助学生初步形成适应社会生活所必需的权利与责任意识及法律意识，自觉遵守我国社会主义宪法与法律，依法规范自己行为的资源；对学生进行和谐社会教育，帮助青少年学生树立和谐的观念，通过教育促进人与自然、人与社会、人与人之间的和谐发展的资源。

例如，北京市教育委员会和北京市交通管理局联合编写的《小学生道路交通安全读本》（以下简称《读本》），就是对小学生进行生命与安全教育的可持续发展教育课程资源。

《读本》中涉及了公民遵守《中华人民共和国道路交通安全法》应有的权利与责任、安全出行、建立和谐家庭等相关内容，为学校开展可持续发展教育提供了教材与阅读资源。《读本》中提出的聘请学校法制副校长①开展生命安全教育的建议，为学校开展可持续发展教育提供了人力资源。

又如，北京市通州区马驹桥学校把位于北京市通州区马驹桥镇北门口村东南的马驹桥"革命烈士陵园"，作为"珍惜生命，缅怀革命先烈"的社会领域的可持续发展教育资源，对学生进行人生观、价值观教育，激励学生继承革命先烈遗志，珍惜来之不易的幸福生活。

小学生道路交通安全读本

---

① 为了对学生进行法制教育，北京市各中小学聘请学校周边派出所的民警为学校的法制副校长，定期到学校做讲座、报告。

通州区马驹桥学校学生纪念革命先烈活动

（二）文化领域的可持续发展教育资源

文化领域的可持续发展教育资源是指对学生进行中华优秀传统文化及世界遗产教育、文化多样性等主题教育的可持续发展教育资源。中国优秀传统文化教育是通过挖掘中国传统文化的内在价值，在对优秀传统文化继承和弘扬的基础上，全面推进素质教育，发挥其对青少年世界观、人生观、价值观、理想信念等方面的教育导向作用，培养具有民族自尊心、自信心及自豪感，具有复兴传统文化和建设时代新文化责任感的公民。世界遗产教育适应于世界遗产事业发展的需要，培养具有弘扬中国传统文化责任感和尊重文化多样性价值观的人才；培育利于公众具有自觉保护世界遗产意识的社会氛围，为世界遗产事业提供人才和社会支持。文化多样性是促进社会发展和文化繁荣的基础，尊重文化多样性是保障世界和谐的前提。世界各民族应当在相互交流中保护自己的特色，在竞争和比较中取长补短，在求同存异中共同发展。文化多样性教育是使受教育者认识、理解、保护和发展文化多样性的意义，树立尊重文化多样性价值观。

以北京市为例，北京的文化源远流长，表现在宗教、民族体育、民俗、古建筑等诸多方面。

自建都以来，800多年的历史为北京留下了深厚的文化积淀。其中，坐落在北京各个区县的清真寺，是对学生进行尊重民族文化教育、传承文化的有直接影响的物质资源，能使学生亲身感受和理解多元性文化，体会文化多样性的重要意义和价值。

民族传统体育是民族文化的一个重要组成部分，是人们生产、生活及文化

北京牛街礼拜寺

北京通州清真寺

心理在体育运动上的生动表现。挖掘、推广北京民族体育遗存的传统文化和娱乐活动，把民族体育教育引入课堂中，将民族体育采珍球（珍珠球）、跳竹竿舞、练武术、抖空竹等融汇在健身操当中，既有助于对学生进行传承民族优秀文化价值观的教育，同时也达到健体的目的。

作为一个具有 800 余年都城历史的文化名城，北京市在 2003～2007 年之间拨款 6 亿元修缮全市文物古建筑。巨大的财力投入，不难看出北京对世界遗产保护的责任之重、意义之深。目前，北京拥有世界遗产 6 项，分别是故宫、周口店猿人遗址、长城、颐和园、天坛和明十三陵。这些世界遗产都是学校进行可持续发展教育的文化资源。

（三）经济领域的可持续发展教育资源

经济领域的可持续发展教育资源是指对学生进行循环经济与绿色消费教育、农村发展与可持续城市化教育等的可持续发展教育资源。针对我国当前可持续发展的需求，学校可从与学生生活密切相关的循环经济、绿色消费、可持续城市化以及农村发展等经济领域的问题入手，让每个学生接受并建立可持续发展价值观念、行为和生活方式。它必然首先与现代社会的特色产业相连，与当前倡导的建设"资源节约与环境友好型"社会相连，与农村地区的发展相连。

例如，武汉市黄陂区蔡店中心小学和湖南炎陵鲁坑小学，利用学校内修建的沼气池，采用"厕所（猪

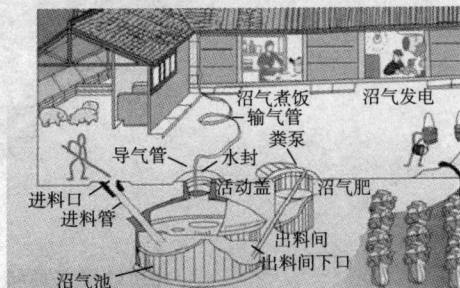

沼气利用示意图

厕) —沼气（沼液、渣）—食堂（菜地、鱼塘、猪厩）—无害化排放"的节能环保模式，配置供热装置，实施节水节电和降耗减排。形成的生态循环利用系统，不仅降低了办学成本，同时也将其变为了教育资源，提高了办学质量，使学生能在一个良好环境里接受教育，健康成长。

又如，2000年5月18日正式对外开放的北京排水科普展览馆，成为对学生开展节约用水宣传教育的基地。展览馆由水的认识、水的应用、自来水的由来、节水求发展四方面内容26件展品及灯箱组成。主要展品有水分子结构模型，自来水不自来实体模型，检漏游戏，奇妙的水雾，实验演示台，水膜，实验演示台（旋涡、水比较），节水器具实体模型，人体与水，水力发电模型，雨水利用模型，膜生物反应器中水处理演示模型，水冷空调，循环洗车模型，水的溶剂作用，虹吸实验，北京节水成就灯箱，计算机触摸屏幕（游戏、知识问答、水知识查询）等。展览生动、形象，让人印象深刻，有助于提高参观者节水意识和掌握节水方法。

再如，北京顺义三高科技农业试验示范区（以下简称"示范区"）是一个集现代农业展示、农业科技成果转化、高新技术企业孵化、青少年科普教育和农业旅游观光等多种功能于一身的园区。该示范区是学生理解经济领域可持续发展教育概念（如绿色农业、科技农业等）最有效的资源。

北京顺义三高科技农业示范园中心区总体规划（2000—2010）

北京顺义三高科技农业试验示范区

（四）环境领域的可持续发展教育资源

环境领域的可持续发展教育资源是指对学生进行环境保护、自然灾害预防等教育的可持续发展教育资源。环境领域的可持续发展教育资源旨在通过对学生进行污染防治教育，从而引导中小学生关注环境污染问题，认识到环境污染与人类活动有密切的关系，理解防治或减少污染的重要意义，建立尊重环境、保护环境的可持续发展价值观，提高学生灾害预防的意识，以及在自然灾害发生时自我保护和救助的能力。这方面资源尤其是自然资源更加丰富，如天然植物、农业基地、山川河流等当地的自然资源。

环境领域的可持续发展教育资源十分丰富，如河流、湖泊保护就是进行环境保护教育的典型，可以从生物学科的角度，在讨论和交流河流如何被污染，又如何被成功治理的过程中，深入开展对学生的情感教育，培养学生的环保意识以及教育学生如何做一名有责任感的合格公民，让学生体会到环境保护与可持续发展的重要意义。

学生在密云北庄清水河实地考察　　　　　　　　密云县大城子中心小学

利用学校周边的生态环保基地作为对学生进行可持续发展教育的资源，让学生亲身参与实践，开展考察、调查、访问、研究等实践活动，了解自己家乡的发展和历史，培养科学探究精神以及热爱家乡、建设家乡的情怀。

二、可持续发展教育资源的分类

学校是实施可持续发展教育的主体，依据学校与可持续发展教育资源的位置关系，本研究将可持续发展教育资源分为校内资源、社区资源以及地域资源三个类别（见图2－5）。

（一）校内可持续发展教育资源

校内可持续发展教育资源是指，在学校内有助于实施可持续发展教育的物

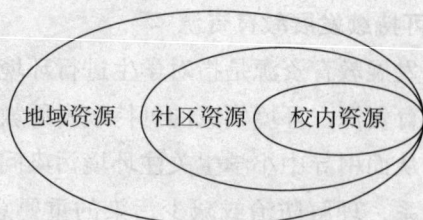

图 2 - 5　可持续发展教育资源的分类

质、信息、文化与制度等课程资源的总和。在进行社会、文化、经济、环境可持续发展教育过程中，所运用的这种资源往往在学校特色发展中产生，它不仅成为固有的校园文化景观，同时，还成为学校可持续发展教育的实践基地。

"七彩星"气象科普站揭牌仪式

例如，在全球关注气候变暖的今天，上海普陀区恒德小学在学校内建立了气象站，开展气象科普教育。举办以"关注气象、关注生活"为主题的校园气象节；开展"气象七彩行"系列教育活动，编写并开设气象校本课程；开发气象游戏棋，开展竞赛活动等，通过这些活动，学校走上了一条以气象科普教育为特色的可持续发展教育之路。该校建立的"七彩星"气象科普站成为学生关注气候变化，开展环境与可持续发展教育的重要资源。(恒德小学提供)

又如，江苏省苏州中学园区校在校内原始湿地的基础上，构建了"湿地文化"，规划还原了校园"西马生态园"。新建成的西马博物馆，成为学生世界遗产教育和湿地保护教育的特殊"课堂"，为学生开展可持续发展教育提供了广阔空间。此外，学校还编写了《湿地文化》校本教材。(苏州中学园区校提供)

江苏省苏州中学园区校　　　　西马生态园　　　　《湿地文化》校本教材

再如，北京市东城区史家小学在学校改建中建立起的太阳能发电系统，不仅在学校节约资源、保护环境方面发挥作用，同时，此系统还很好地展示了太阳能相关知识、发电原理，已成为学校进行新能源与可再生能源教育的课程资源和学生科技小组课余实践研究的内容。（史家小学提供）

史家小学太阳能发电系统

（二）社区可持续发展教育资源

社区可持续发展教育资源是指学校周边的可持续发展教育资源，且与学校教育互动、影响较多的物质、信息、文化与制度等资源的总和。这些资源处于学校周边，属于乡镇（街道）、企业或者个体所有。因此，有利用的便捷性，但是资源呈现的教育性需要进一步挖掘。

例如，位于北京昌平的小汤山农业科技园太阳能大棚，已成为周边学校开展可持续发展教育的学习基地，学校科技、物理等学科教师充分利用此基地，让学生了解太阳能系统可以为1万平方米的温室大棚提供热源，温度调节系统具有冬季供暖、夏季降温两大功能，系统运行通过计算机实现自动控制，具有集热、供热、补水、防冻、降温及数据收集整理等功能。

学生参观小汤山农业科技园太阳能大棚

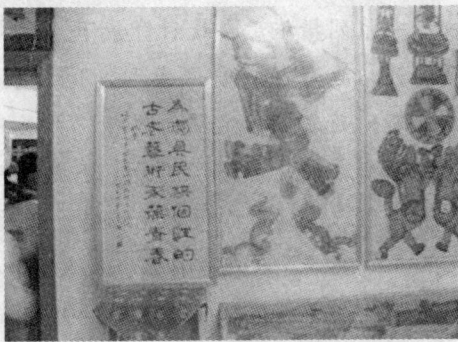

皮影博物馆

又如，北京市通州区马驹桥中学周边的金桥花园内，崔永平先生利用250平方米的空间，建立起一个私家皮影博物馆。北京市通州区马驹桥学校把这个社区中的皮影博物馆作为对学生进行尊重文化多样性和传承中国文化的教育场所，每年定期组织学生去博物馆进行考察与研究，通过馆长的详细讲解，了解皮影的发展历史，皮影艺术保存的价值，培养师生保护传统非物质文化遗产的情感、态度以及尊重文化多样性的价值观。

（三）地域可持续发展教育资源

地域可持续发展教育资源是指在一定的行政区域范围内，具有较高知名度或影响力，有利于实施可持续发展教育的物质、信息、文化与制度等资源的总和。这些资源地处区县、地区或省市，大多属于国有企事业单位管辖，资源呈现较为完整。

例如，洪湖位于长江中游荆江段，是中国第七大淡水湖，也是湖北省最大的湖泊。提到洪湖，人们耳边就会响起"洪湖水浪打浪"的优美旋律，眼前就会浮现出"四处野鸭和菱藕，秋收满眼稻米乡"的美景。然而，如今的洪湖风光不再，由于历史和人为的原因，洪湖水域面积已经由建园初期的760平方公里锐减到如今的348平方公里，由于过度开发围栏养殖和管理失控，洪湖到处围网，导致野生鱼类资源和栖息的水禽种类数量锐减；水生高等植物大面积死亡；同时由于水产养殖户大规模投放饵料和工业生活污水的排入，水质污染日趋严重。洪湖正面临着严重的生态危机，一步步走向干涸。洪湖的生态危机引起了全社会的关注和湖北省政府的重视。从1996年开始，政府采取了一系列强有力的保护、恢复和重建措施。其中包括在洪湖建立了湖北省第一个湿地自然保护区，启动"洪湖湿地保护与恢复示范工程"以及"拆网还湖"工程等一系列措施。在这种背景下，洪湖市教育局、荆州市洪湖湿地自然保护管理局开始编写《我爱母亲湖》地方教材，旨在帮助地区的学生了解洪湖，认识湿地，萌发保护洪湖的愿望，开展保护洪湖的行动，增强学生的环保意识，养成保护环境的习惯。同时，还提倡并引导学生走出校门，走向社会，通过学生影响成人，通过学校影响社会，开展"小手牵大手，共护母亲湖"活动，形成人人爱洪湖，人人爱自然，人人保护环境的氛围，促进人与自然的和谐发展。通过对洪湖这一自然环境资源的开发和利用，当地已经形成了别具特色的"洪湖可持续发展教育"。（"自然之友"武汉小组负责人徐大鹏提供）

又如，依偎着苏州河的梦清园，位于昌化路桥和江宁路桥之间，分为大鱼岛、人工湿地和梦清馆三大部分。梦清园原来是苏州河博物馆。苏州河也叫吴淞江，是上海人文的发源地，在旧上海的工业起飞时也很重要，也正因为是大上海工业腾飞的基地，它的污染非常严重。这个博物馆就是为了纪念和记录苏州河从清澈到严重污染、到近年来的治理的发展变化情况而兴建的。梦清馆共有三层。第一层介绍苏州河的地理位置以及上海的水利系统；第二层介绍古代和近代苏州河的污染和对人类的危害；第三层介绍苏州河的治理过程以及目前的状况。它的名字就是梦想清澈的苏州河能重现往日风光。在这个公园中，不仅有上海苏州河展示中心梦清馆，还有很多与环保教育相关的设施设备。这个公园已成为当地学校进行可持续发展教育的环保主题公园。

苏州河的梦清园

三、可持续发展教育资源的特点

可持续发展教育资源具有价值性、针对性、单一性与多重性、辐射性等特点。

（一）价值性

可持续发展教育主要是一种价值观教育，可持续发展教育资源的价值性就是指可持续发展教育资源要能够对学生进行价值观教育，帮助学生形成可持续发展的价值观。可持续发展教育资源有助于培养学生尊重环境、尊重他人、尊重文化多样性等价值观，养成节约水电、低碳生活、绿色消费、防止污染等生活方式。可持续发展教育使每个人都能有机会从教育中受益，使每个人都能够学习可持续发展未来和社会变革所需要的价值观、行为和生活方式，以促进社会、文化、经济与环境的可持续发展。

（二）针对性

可持续发展教育资源的针对性，是指由于不同地方社会经济发展水平不同，当地发展的特色也不一样，要利用最有效的可持续发展教育资源，就要结合地方特色，贴近学生的生活实际。可持续发展教育资源整体反映地域社会、经济、文化发展的历史与现实情况。针对现实中的学校安全、全球气候、自然灾害、文化传承等问题，学校应充分利用各种可持续发展教育资源，让学生亲身感受、体验、分析、解决生活中的现实问题，培养他们的可持续发展意识与行为，尝试解决身边的现实问题或提出解决问题的办法、建议。

（三）单一性与多重性

可持续发展教育资源的单一性与多重性，是指有的可持续发展教育资源的教育功能是单一的，只能在某一个可持续发展教育的领域或主题具有教育价值；而有的资源其教育功能具有多重性，能在几个可持续发展教育的领域或主题表现出教育价值。如道路交通安全知识只具有社会领域生命与安全教育主题的功能，而大城子清水河的保护既属于环境领域的环境保护与污染防治教育主题，又属于社会领域农村发展教育主题。可持续发展教育资源的这种特点要求在资源开发利用的过程中，尽可能挖掘其所有可用于可持续发展教育的因素，进行多方面的可持续发展教育。即便是只具有单一性的教育资源，也要充分发挥其在某方面的教育价值。

（四）辐射性

可持续发展教育资源的辐射性，是指可持续发展教育资源作为一种资源，对除学校、学生以外的组织和人们的生活、工作、学习所产生的广泛影响。循环经济与绿色消费教育资源不仅有对学生进行可持续教育的价值，更是社会经济发展的重要内容。可持续发展教育资源主要是培养学生形成以尊重为核心的可持续发展价值观，提升其可持续发展意识、能力与行为的教育资源。很明显，用于可持续发展教育的资源带来的学生可持续发展意识与能力的提高，不仅会使学生受益，而且会使社会和国家受益。

表 2－1　不同领域、不同类别可持续发展教育资源特点分析表

领域	类别	名称及内容	资源特点	管辖部门
社会领域	学校资源	**顾正红烈士的浮雕及雕像**　坐落在上海中远实验学校是顾正红烈士反抗日本纱厂资本家对工人的残酷剥削和压迫，遭到日本监工川村等人杀害的场所。	**价值性**：此类资源有助于进行以人为本和尊重人，即过去人、现代人以及未来人的价值观教育。	上海中远实验学校
	社区资源	**马驹桥"革命烈士陵园"**　马驹桥"革命烈士陵园"是中共马驹桥镇委员会、马驹桥镇人民政府，代表全镇人民的意愿，缅怀在 1948 年 12 月 13 日解放马驹桥的战争中牺牲的革命烈士，于 1998 年 12 月 14 日投资修建的。烈士陵园建成后，成为全镇中小学对学生进行人生观、价值观教育和革命传统教育的基地。	**针对性**：该资源集中反映了 ESD 社会领域生命安全教育内容范畴。该资源可以有针对性地对学生进行继承先辈遗志的革命传统以及珍惜生命的教育。	北京市通州区马驹桥镇政府

表 2 - 1 （续表）

领域	类别	名称及内容	资源特点	管辖部门
社会领域	地域资源	**北京市八宝山革命公墓** 　　八宝山革命公墓是我国声名最著、规格建制最高的园林式公墓。新中国成立后，在明代护国寺基础上改建。朱德、董必武、彭德怀、任弼时、史沫特莱、安娜·路易斯·斯特朗等革命伟人去世后葬于此。整个墓地在苍松翠柏环抱中，庄严肃穆。我国国家公墓建设，将立足革命公墓的具体情况和特点，借鉴国内外公墓建设的先进经验，以墓园文化为核心，扩展功能，使其具备骨灰安葬、悼念、瞻仰、教育、文化旅游等功能。	**多重性**：可借开发此资源为契机，形成"正红节"、"马驹桥烈士纪念日"、"清明节"等，传播校园文化、社区文化，积淀厚重的人文底蕴。 **辐射性**：开发此类资源，不仅有助于对中小学生进行教育，同时可以对周边社区居民、企事业职工等人员了解革命斗争的历史，珍惜现在生活起到积极的影响作用。	北京市民政局殡葬管理处
经济领域	学校资源	**华嘉水银行** 　　"华嘉水银行"是学校集节水——雨水、雪水、食堂淘米水与洗菜水回收利用、景观、宣传、科技环保为一体的工程。该工程收集的水一方面为学校夏日戏水所用；另一方面为环保所用，避免学校周边道路扬尘，减少空气中可悬浮颗粒物，形成清新的社区空气。	**价值性**：节水设施的实施，可以让学生在现实教育中意识到保护地球资源的重要性，养成节约用水的习惯。	北京市西城区华嘉小学

表 2–1（续表）

领域	类别	名称及内容	资源特点	管辖部门
经济领域	社区资源	**北潞园社区污水处理厂**　北潞园社区是住建部试点建设的第一批绿色生态小区。小区内设有污水处理厂，选装清华清木设备。学校主动与物业公司共建单位，将生活污水排入水处理厂，处理合格的中水存入蓄水池；校园内雨水经另一管路直接排入蓄水池。物业公司将水池内的中水通过专用水管泵回到学校用于浇花、绿化、消防，实现了在水的重复利用上与社区同步。	**针对性：**资源节约是可持续发展教育经济领域的重要内容之一。无论在校内、在社区还是地域，针对我国水资源匮乏，利用建立的节水系统作为节水教育的资源，可以提高学生节约用水以及可持续发展的意识。	北京良乡镇北潞园物业管理公司
	地域资源	**上海普陀区梦清园"雨水处理系统"**　梦清园依偎着苏州河，位于昌化路桥和江宁路桥之间，分为大鱼岛、人工湿地和梦清馆三大部分。人工湿地好比一个大自然的过滤器，苏州河的水就是从这里流进梦清园后，进行全面水质改造的。整个湿地系统的能源全部来自太阳能和风力发电机，非常绿色环保。	**多重性：**在节约资源教育中，还可以形成节水文化以及外显的文化景观（"华嘉水银行"以及"梦清园"都已发挥其作用）。　**辐射性：**"华嘉水银行"学校的节水资源辐射到社区，"梦清园"的节水设施又为周边学校节水教育服务。	上海市苏州河治理办公室

参考文献

［1］陈华洲 . 2007. 思想政治教育资源论［M］. 北京：中国社会科学出版社：30.

［2］顾明远 . 1998. 教育大辞典［M］. 上海：上海教育出版社：799.

［3］何克抗 . 2002. 教育技术学［M］. 北京：北京师范大学出版社：73.

［4］康宁 . 2005. 中国经济转型中高等教育资源配置的制度创新［M］. 北京：教育科学出版社：18.

［5］罗洁，钱丽霞，等 . 2008. 在我们的学校引入可持续发展教育［M］. 北京：教育科学出版社：244.

［6］马克思 . 1975. 资本论：第一卷［M］. 郭大力，王亚南，译 . 6 版 . 北京：人民出版社：663.

［7］中共中央马克思恩格斯列宁斯大林著作编译局 . 1995. 马克思恩格斯选集：第 3 卷［M］. 北京：人民出版社：373.

［8］曾加荣 . 2003. 高等教育资源优化配置问题的思考［J］. 西安交通大学学报：社会科学版（1）：80 – 84.

［9］Jones R L , et al. 1983. The Economics and Financing of Education［M］. Upper Saddle River：Prentice-Hall，Inc. ：349.

第三章 农村中小学可持续发展教育资源的开发与利用

第一节 可持续发展教育资源的开发

一、可持续发展教育资源开发的含义与价值

（一）可持续发展教育资源开发的含义

我们通常所说的开发，是指发现荒地、矿藏、森林、水力等自然资源，并凭借开垦、发掘、加工等技术手段以达到为人类使用的目的。

可持续发展教育资源的开发是指从现有（包括潜在的）资源中筛选、提炼资源，并对其进行价值分析，使之成为能够有效为可持续发展教育服务的资源（见图3-1）。

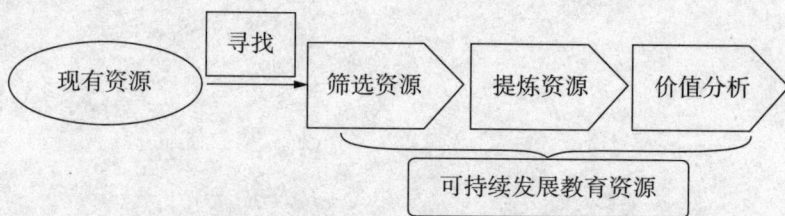

图3-1 可持续发展教育资源的开发

（二）农村中小学可持续发展教育资源开发的价值

可持续发展教育资源的开发是开展可持续发展教育的基础与条件，有助于将抽象的可持续发展理念变为现实，丰富学校教育的内容与形式，培养新时期全面发展的人才。

1. 有助于将抽象的可持续发展理念变为现实

2003年，联合国大会决定在全球范围内启动可持续发展教育十年（2005—2014）国际实施计划时，联合国前秘书长安南提出，要将抽象的可持续发展概念变为现实。将抽象的概念变为现实最好的方法是学习和行动，开发可持续发展教育资源是学习、理解可持续发展理念的有效途径和方法。在开发

中学习，在学习中理解，在行动中学会尊重当代人和后代人，学会尊重差异与多样性，以尊重环境、尊重地球上的资源的实际行动形成可持续发展的价值观。因此开发与利用学校内外有助于进行可持续发展教育的资源是有效开展可持续发展教育的重要条件。

2. 有助于丰富学校教育的内容与形式

作为可以用来进行可持续发展教育的资源，有些是原本就存在的，教科书中的有关内容，学校中已开展的环保教育、安全教育等活动，如学校周边的博物馆、清真寺等可以为可持续发展教育服务，而有些是需要经过开发和创造才能用于可持续发展教育，例如学校内的主题教育活动，学生的兴趣小组活动，学校周边的蔬菜大棚，养殖基地，自然景观，文化遗存等。有目的有计划地开发校内外可持续发展教育资源，将有效地丰富学校课堂内外的教育教学内容，丰富学生的学习与生活体验。

3. 有助于培养新时期全面发展的人才

学校承担文化传承和培养人才的功能，在可持续发展价值观的传承和培养中具有重要的地位和作用。开展可持续发展教育是学校教育教学能够紧跟时代步伐、培养能够满足社会发展需要的全面发展人才的重要举措，可持续发展教育资源的开发是学校开展可持续发展教育的重要环节和基础任务。《国家中长期教育改革和发展规划纲要（2010—2020年)》中明确提出重视可持续发展教育，通过可持续发展教育资源的开发，将可持续发展理念化为行动，使课堂教学和学生学习的内容生动鲜活、与时俱进，进而提高学校的教育教学水平，培养新时期全面发展的人才。

二、可持续发展教育资源开发的原则

可持续发展教育资源的开发需要经历查找、提炼筛选和分类三个过程，需要注意因地（校）制宜原则、目标性原则、针对性原则和便利性原则。

（一）因地（校）制宜原则

因地（校）制宜原则，是指学校要从学校所在地的社会、经济、文化和环境实际出发，尽可能开发最接近学生生活实际、有助于学校特色发展的可持续发展教育资源。

目前，一些农村学校在校内建起了太阳能设施，解决学生洗浴、用水等问题；同时，学校周边乡镇企业利用太阳能技术开展科学生产，农村经济作物的大力发展促进了农村经济、社会、环境的可持续发展；此外，企业利用科技建造城市并促进城市发展。农村学校对这些资源的"立体"开发，可以开阔农村学生的视野，促使他们将书本知识更有效地与实际联系起来，并达到深度了解这些资源的作用，激发他们成为新农村建设者的目的。

北京怀柔区第六小学太阳能饮用水设备

教育部、农业部颁布的《关于在农村普通初中试行"绿色证书"教育的指导意见》，特别强调要因地制宜、自主选择确定"绿色证书"教育的具体内容，就体现了这种资源开发思路：不同的学校具有各自独特的课程资源，"绿色证书"教育的内容也应该各不相同，实际上就是要求农村学校从自身的特色出发，挖掘学校的特色资源。（张晓东，2003）[95]同时，新课改明确要求，教育要贴近学生生活实际，利用学生所见所闻的资源开展教育教学活动，使学生更容易接受和理解，因地（校）制宜，因问题而异，选择针对性强的可持续发展教育资源。

例如，北京市通州区马驹桥学校的师生，通过实地考察与调研，把学校周边的烈士陵园、清真寺、凉水河以及亦庄经济开发区作为学校可持续发展教育资源（见图3-2）。这些资源的开发与利用，让教师可以在社会、文化、经济以及环境等不同领域开展可持续发展教育，从而激发学生尊重生命、尊重文化多样性和保护环境的责任意识。

另外，一些可持续发展教育资源具有兼容性，因此，需要从社会、文化、经济、环境等多个视角进行开发，寻找、筛选，并分析其价值，达到充分发挥其教育功效的目的。例如，北京市通州、顺义、昌平、大兴等很多农村学校周边都建有清真寺，学校把清真寺作为对学生进行可持续发展教育的资源，不少学校既看到了清真寺是进行民族团结、社会和谐发展教育的有效资源，同时还

社会领域

文化领域

烈士纪念碑

马驹桥清真寺

通州区马驹桥学校

环境领域

古老的凉水河

开发区建设规划图

图 3-2　通州区马驹桥学校开发的 ESD 资源

注意到清真寺文化关于文化多样性的教育价值（见下页上图）。

（二）目标性原则

目标性原则，是指在对可持续发展教育资源的筛选过程中，首先要考虑资源对于教育目标实现的便利性和有效性，实现可持续发展教育"四个尊重"的核心价值理念。

例如，北京市顺义区高丽营第二小学开发的杨镇汉石桥湿地，属于可持续

通州区马驹桥学校组织参观清真寺活动

发展教育中环境领域的教育资源。通过社会实践活动，学生们认识到，汉石桥湿地是鸟类的栖息地。他们从关心鸟类、关心湿地、关注鸟类的生存环境，到关心家园环境、关心国家发展、关心人类的生存环境，增强了以天下为己任的社会责任感，逐步成为一个有责任感和强烈环境保护意识的现代人。

杨镇汉石桥湿地资源

（三）针对性原则

针对性原则，是指可持续发展教育资源的筛选，要从学生身心发展的规律出发，考虑学生的认知特点，符合学生的发展水平，毕竟有些内容虽然成年人能接受和理解，但对于未成年人来说可能就难以理解和体会。因此，在筛选可持续发展教育资源中把握针对性原则是需要我们特别注意的，这样才能使学生更加有效地接受可持续发展教育，达到教育的目的。

例如，北京市房山区的中小学校在开发周口店猿人遗址资源时，注意按照不同学龄阶段学生的认知特点，灵活利用周口店猿人遗址的教育相关资源。

在小学阶段，周口店中心小学以考察遗址、动手实践以及建立"五小员"（小导游员、小讲解员、小服务员、小环保员、小卫士）的方式，了解山顶洞人、石器以及猿人生活环境等，进行热爱生我养我的这块不平凡的土地的教育活动。

在中学阶段，周口店中学发挥猿人遗址和学科教学的交互作用，从人与自我、人与社会、人与自然、人与艺术四个层面出发，挖掘遗址中一些相关的知识点，并将其纳入各个学科的教学体系中，提高遗址在教学中的作用和地位。通过综合实践活动，开展考古的学习活动。

周口店中学
开展考古研学活动　　　　　　　周口店遗址　　　　　　　周口店小学
开展"五小员"活动

（四）便利性原则

开发可持续发展教育资源，是为了更好地利用这些资源进行可持续发展教育。便利性原则是指，在分领域开发可持续发展教育资源时，既要考虑所开发的资源便于教育工作者持续使用，同时，还要考虑各个领域的可持续发展教育资源服务的对象，以便形成资源网络，有效管理好开发的资源，扩大资源使用的范围。

位于北京市大兴区庞各庄镇，由瓜农宋宝森老先生建立起集科研开发、实验示范、生产销售、观光采摘为一身的综合园区——"老宋瓜园"。老宋瓜园是一个高科技的农业示范园区，是大兴地区农业高科技发展的一个窗口，也是现代都市型农业发展的一个典范，尤其是庞各庄的代表农作物——西瓜生产在这里更是已经充分地和高科技结合在一起了。大兴区庞各庄中学将"老宋瓜园"开

老宋瓜园中的现代农业大棚

发为社区的可持续发展教育资源，目的是让学生能观赏高科技农业的发展，亲身实践西瓜等作物的种植，也能感受到家乡的巨大变化，并让学生在这里学到许许多多书本上没有的知识。为了便于使用、管理好这一资源，一是学校教师与瓜园技术人员共同开发《老宋瓜园》校本教材，将西瓜的种植技术与书本知识有机对接；二是建立资源传播网络系统以及管理系统，使瓜园成为学校教育永续的实践基地。

便利性原则也适用于可持续发展教育资源的分类，一种资源可以按照空间范围分为校内资源、校外资源，又可以按照可持续发展教育的领域分为社会领域、环境领域、经济领域和文化领域。在对资源的各领域分类时，不仅要充分考虑资源的可持续发展教育价值，把资源分类到所有相关的可持续发展教育领域，同时又不必过于纠结于资源的类别，只要便于教育教学中使用，资源的价值得到充分利用就足够了。

例如，北京市顺义杨镇第二中学校园内有孔子像和关帝庙，学校把孔子像与关帝庙作为实施可持续发展教育值得开发和利用的资源。大家知道，孔子是中华传统文化代表的"文圣人"，而关羽则是中华传统文化的"武圣人"，孔子像与关帝庙的建立，与中华传统文化以及人民的生活息息相关。校园内的孔子像和关帝庙，是传统文化与民俗民风的展示，他们是千万民众的道德楷模和精神寄托。通过学习孔子和关羽的生平事迹，了解了他们受亿万民众敬仰的原因，增进了对中华优秀文化历史的认识与了解。孔子像、关帝庙

校园内的关帝庙

这一资源既属于文化领域又属于社会领域，这种把同一资源从不同维度来综合分析和使用，能够充分发挥资源的价值。

三、可持续发展教育资源开发的环节

可持续发展教育资源开发需要经历收集、筛选、分类和价值分析等几个环节。收集与可持续发展教育相关的资源是前提；筛选与分类、确定其教育的意义是资源开发进程中的重点；分析资源的价值是有效实施可持续发展教育的根本目的，也是关键环节。

（一）资源收集

可持续发展教育资源的收集是开发可持续发展教育资源的前提。资源收集是指，从现有一般性人财物力、信息、政策制度等资源中寻找与可持续发展教育相关的资源。这里提到的现有资源可以是学校内部的资源，也可以是学校外部的资源；可以是已经被学校利用的其他教育资源，也可以是尚待开发的教育资源。

收集可持续发展教育资源，可以从经济、环境、社会、文化等多个方面，通过观察法、访谈法等方式进行。

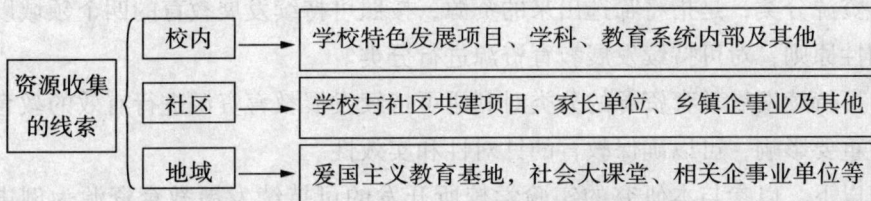

图 3 - 3 可持续发展教育资源的收集

例如，北京市密云县大城子中心小学位于密云县城东部，与河北省兴隆县接壤。2002 年 4 月，该校建立起长约 80 米，宽约 20 米，合计约 1600 平方米的生物实践基地。整个基地分为池塘区和陆生植物两大区域。基地中种有 189 种植物，其中药用植物 126 种。2006 年，该校将此基地确定为对小学生进行生物多样性教育的资源。

北京房山区良乡第三小学以绿色消费、低碳生活为理念，组织学生走进社区进行广泛查寻，最终将学校周边的购物中心作为开展可持续发展教育的资源，让学生在统计使用购物袋中感悟低碳生活的重要性和必要性。

北京市门头沟区的河南街小学和西辛房中学，从北京市教委确立的社会大课堂名录中，查找出地处门头沟区的"灵溪科技生态环保教育基地"，将这个基地作为学校社会大课堂实践以及可持续发展教育的资源，对学生进行环境保护教育。

（二）资源筛选

可持续发展教育资源的筛选是利用可持续发展教育资源的重要基础。资源筛选是在资源收集的基础上，进一步甄

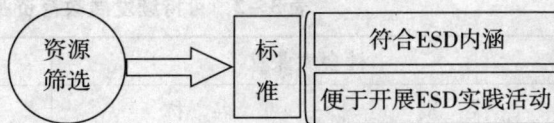

图 3 - 4 可持续发展教育资源的筛选

别、选择能够用于可持续发展教育的资源。

任何一个事物在甄别、选择确定属性时都需要有一定的标准。本研究认为，能够用于可持续发展教育资源的标准包括以下两个方面。

第一，符合可持续发展教育的内涵，且可直观辅助施教，即选择的资源一定是与"以尊重当代人与后代人、尊重差异性与多样性、尊重环境和尊重地球资源"等教育内容相关。

第二，符合学生认知特点，便于学生学习与实践。

（三）资源分类

资源分类，是指将筛选出来的资源，按照可持续发展教育的四个领域以及便利性原则，对可持续发展教育资源进行分类。

可持续发展教育资源的分类对利用可持续发展教育资源进行有效的教育管理有重要影响，可以确保教育的针对性和实效性。

以下，以参与本研究的实验学校所开发的可持续发展教育资源为例进行说明。

表 3 - 1 可持续发展教育资源的分类（一）

学　校	资源名称	来源	教育内容	领　域
河南街小学	天桥浮烈士陵园	社区	生命与安全教育	社会领域
良乡第三小学	中国篆刻	校内	传承非物质文化遗产教育	文化领域
大城子中心小学	生物实践基地	校内	环境保护、生物多样性教育	环境领域
庞各庄中学	兰花种植基地	地域	现代都市农业发展与可持续城市化建设教育	经济、环境领域

以下，以参与本研究的实验学校从北京市教委确定的社会大课堂资源中开发的可持续发展教育资源为例进行说明。

表 3 - 2 可持续发展教育资源的分类（二）

社会大课堂		可持续发展教育	
类　别	名　称	教育内容	领　域
爱国主义教育基地	八宝山革命公墓	生命与安全教育	社会领域

表3-2（续表）

社会大课堂		可持续发展教育	
类　别	名　称	教育内容	领　域
博物馆、展览馆	周口店北京人遗址博物馆	世界文化遗产	文化领域
	西瓜博物馆	高科技农业与西瓜文化	经济、文化领域
科技馆、科普基地	灵溪科技生态环保教育基地	生态保护、可再生能源利用	环境、经济领域
环保教育基地	北京排水科普展览馆	保护环境、节约用水	环境、经济领域
企业、农业类	顺义三高农业试验示范区	现代都市农业发展	经济领域
校外教育机构	门头沟区雁翅中小学素质教育基地	生命与安全教育	社会领域
中小学校	北京市顺义区杨镇一中教育集团文化长廊	中华优秀传统文化	文化领域

（四）资源价值分析

　　资源价值分析，是指对收集、筛选和分类之后的可持续发展教育资源能够产生哪些积极作用的分析。可持续发展教育资源的价值分析是开发和利用可持续发展教育资源的核心环节。

　　一般而言，资源价值的分析可以从几个方面着手。一方面，可以通过法规文件进行价值分析，例如2001年教育部颁发的《基础教育课程改革纲要（试行）》、北京市教育委员会颁发的《北京市中小学可持续发展教育指导纲要》等；另一方面从学生的年龄、身心特点进行针对性分析。此外，还可以从行业评价标准进行分析。

　　例如，北京市房山区良乡第三小学将中国篆刻确定为学校可持续发展教育资源。中国篆刻是以石材为主要材料，以刻刀为工具，以汉字为表象的并由中国古代的印章制作技艺发展而来的一门独特的镌刻艺术，至今已有3000多年的历史。它既强调中国书法的笔法、结构，也突出镌刻中自由、酣畅的艺术表

良乡第三小学的中国篆刻

达，于方寸间施展技艺、抒发情感，深受中国文人及普通民众的喜爱。篆刻艺术作品既可以独立欣赏，又在书画作品等领域广泛应用，学校利用《课程标准》要求来分析篆刻作为可持续发展教育资源的基本价值；通过网络查询，从世界非物质文化遗产委员会对中国篆刻的评价中，分析、提炼出篆刻作为可持续发展教育资源基本价值；另外，通过中国非物质文化遗产研究院专家对中国篆刻的分析，确定其教育价值。最终将中国篆刻的教育价值定位在中国篆刻是向中小学生传承中国古代印章制作的镌刻艺术、保护世界非物质文化遗产有效的教育资源上。

又如，以下学校依据《北京市中小学可持续发展教育指导纲要》《北京市中小学生社会大课堂建设方案》和其他相关信息文件对选取的可持续发展教育资源进行了价值分析。

表3-3　可持续发展教育资源的价值分析

学 校	资源名称	来源	领 域	资源的价值分析
河南街小学	天桥浮烈士陵园	社区	社会领域	具有革命传统与珍爱生命的教育价值
良乡第三小学	中国篆刻	校内	文化领域	具有传承中国古代印章制作的镌刻艺术，保护世界非物质文化遗产的教育价值
大城子中心小学	生物实践基地	校内	环境领域	具有保护生物多样性的教育价值
西辛房中学	灵溪科技生态环保教育基地	地域	环境、经济领域	具有生态环保、新能源利用的教育价值

第二节　农村中小学可持续发展教育资源的利用

一、可持续发展教育资源利用的含义

可持续发展教育资源的利用是指开发出来的各种资源在可持续发展教育中发挥功效，得以充分使用的过程。具体来讲，一般资源转化为教育资源后，这时的资源明确了教育的意义和价值，但是仅有意义与价值的教育资源还是不能满足学校教育的需要。只有将教育资源转化为课程资源，使被开发的教育资源具有为课程服务的功能，才能为提高教育质量发挥作用。因此，本研究涉及的可持续发展教育资源利用的概念，实质上是在探讨可持续发展教育资源向课程资源转化的过程。

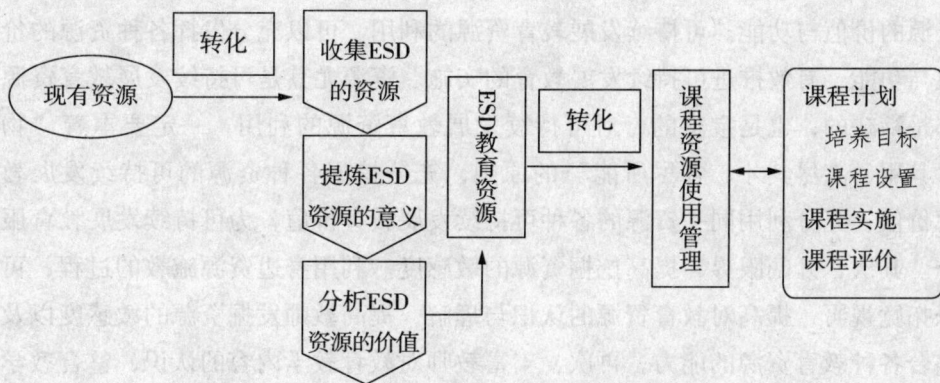

图 3 - 5　可持续发展教育（ESD）资源的利用

课程资源是指供给课程活动、满足课程需要的一切资源。它包括构成课程目标、内容的来源和保障课程活动进行的设备和材料，课程资源是集人、财、物、信息、制度等资源于一身的混合资源。在二次转化过程中，就是将教育资源转变为课程资源，进入学校课程管理序列。课程资源是新课程改革提出来的一个核心概念，在国家颁布的各学科课程标准中都有"课程资源的开发与利用"这一组成部分。课程资源包含的意义范畴宽广，既包括教材这一重要的为人们所熟悉的课程资源，还包括大量的非教材的却是课程有机组成要素和实施条件的软硬件资源。无论是国家课程的开发，还是地方课程的建设，尤其是综合实践活动和校本课程的多样化呈现与实施方式，都离不开大量课程资源的

支撑。(张晓东，2003)[94]

开发课程资源需要与课程计划中的培养目标、课程设置以及课程实施、课程评价等内容进行对接。只有这样，资源的功效才能得到充分的显现。基于此，本研究将可持续发展教育资源的利用确定为，明确可持续发展教育资源利用的途径，分析可持续发展教育资源在使用中的角色定位，确定可持续发展教育资源利用中的呈现方式，评估可持续发展教育资源利用的效率与效果。

明确利用途径就是明确可持续发展教育资源与学科教学、综合实践活动、专题教育活动等教育教学活动的联系。在此基础上分析可持续发展教育资源在使用中的角色定位，即资源在课程实施或教育活动中所起的素材作用和条件作用。确定不同类型可持续发展教育资源的呈现方式，充分利用资源，并对资源利用的效率与效果进行评估，以便更加有效地进行再利用。

有效利用可持续发展教育资源的根本意义在于以下几个方面。首先，发挥资源的价值与功能。可持续发展教育资源的利用，可以充分发挥各种资源的价值与功能，有效推进可持续发展教育的实施。资源尤其是可持续发展教育资源都是稀缺的，也是宝贵的，对可持续发展教育资源的利用，一定要本着"物尽其用、人尽其才、各尽所能"的原则，充分挖掘各种资源的可持续发展教育价值，充分利用同一资源的各种可持续发展教育价值，为可持续发展教育服务。其次，开阔眼界，提高挖掘资源的敏感度。利用身边资源施教的过程，可以拓宽视野，提高对教育资源的认识与理解，提高教师发掘资源的敏感度以及整合各种教育资源的能力；再次，丰富教师对教育教学内容的认识，整合教学素材，实施多形式多方法的教学，提高教育教学的质量。最后，丰富学生的学习内容与形式，培养学生的社会责任感和实践能力。

二、可持续发展教育资源利用的原则

可持续发展教育资源的利用需要遵循经济性、课程利用为主、符合学生实际和持续利用四个原则。

(一) 经济性原则

经济性原则要求在利用可持续发展教育资源时，应本着"低成本优先"的思路，优先使用成本较低的可持续发展教育资源。尽量利用学校内部、周边的资源对学生进行教育，减少安全问题，贴近学生生活实际。

例如，通州区马驹桥学校开发的北京崔永平皮影艺术博物馆教育资源，就在学校周边的小区里。为了对学生进行非物质文化遗产保护以及传承优秀中华文化的教育，请皮影艺人崔老先生到学校讲课，组织学生到博物馆参观、考察都很方便。学校在美术课上利用博物馆的资源让学生学习皮影绘画和制作，了解皮影文化；在语文课上结合相关资源编写小故事，对学生及社区居民进行传承优秀文化的可持续发展教育。这一资源的利用，充分体现了低成本高效益的经济性原则。

（二）课程利用为主原则

可持续发展教育资源的利用有多种形式，但是主要考虑以课程利用为主。因为课程本身是一个完整的系统，将可持续发展教育资源有机融入课程系统中，自然进入学生接受教育的主渠道，能够持久地产生作用。通过课程的形式尤其是校本课程的形式利用可持续发展教育资源，需要进一步考虑在课程实施尤其是课堂教学中创设能够突出情感态度价值观的情境，在教学内容上体现实践性和综合性特色，有效利用现有资源，提升学生可持续发展的素养和能力。

例如，顺义区杨镇二中将新疆班作为民族团结、创建和谐社会的可持续发展教育资源，在语文、历史、音乐等学科教学中，让新疆学生介绍与新疆相关的知识、文化，不同民族的生活习惯，增进不同民族的相互了解，理解和尊重不同民族的文化，增进民族团结。思想品德学科教师在课堂上

"民族情深"课堂教学

通过新疆班学生展示自己民族文化的实例，用相关的图片、视频、实物等，让学生进行交流，并将这些内容融入"民族情深"的课程中，对学生进行"尊重和谐"的可持续发展教育。

（三）符合学生实际原则

满足学习需要包括两层含义：一是符合学生的年龄特征和认知特点，二是符合学生的生活实际。可持续发展教育资源的利用，在呈现方式上一定要符合学生的年龄特征和认知特征，以提高可持续发展教育的效果。在可持续发展教育资源的利用过程中，需要关注学生的生活实践，尽可能有针对性地进行教育，让学生感受到可持续发展教育的亲切。

例如，房山区良乡第三小学的校园文化长廊，既是学校的围墙，又是学生

课余学习的场所。学生在校可以随时观看文化长廊上的图片、故事等内容。同时，教师们又将这些故事融入了校本课程、品德课、语文课教学之中，使学生对故事的内涵有更深入的了解；融入主题班队会、社会实践活动中，使意识转化为行动、强化为习惯。学校结合学生的年龄特点开展多种形式的活动，使学生将传统美德带入家庭和社区。

（四）持续利用原则

可持续发展教育资源的利用，还要考虑这些资源利用的长期性，保证这些教育资源的持续存在与再利用，并形成长期持续利用的机制。

例如，密云县大城子中心小学开发的四十八烈士墓这一资源，能够弥补现代学生对战争、历史、艰苦时期，民族传统精神、爱国情感的淡薄等体验，把革命传统、民族精神牢记心间，更加珍惜美好的生活。顺义区杨镇二中的百米文化长廊，使整个校园充满浓郁的文化氛围，为学校师生创造了优美的艺术环境。顺义区高丽营第二小学的学校科技大棚，应用于学校校本课程《科学与种植》的教学过程中，是很好的教学资源。这些资源都具有长期可再利用的特点，属于可持续发展教育资源中可持续利用的资源。

三、可持续发展教育资源利用的过程

可持续发展教育资源利用主要采取如下步骤：明确可持续发展教育资源利用的目标，进行可持续发展教育资源利用的角色功能分析，确定可持续发展教育资源呈现的方式，对可持续发展教育资源利用的成效进行评估。

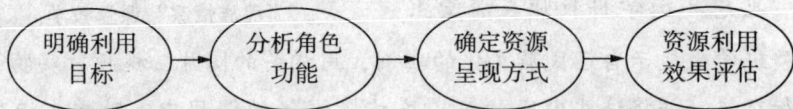

明确利用目标 → 分析角色功能 → 确定资源呈现方式 → 资源利用效果评估

图3-6　可持续发展教育资源利用的步骤

（一）明确资源利用目标

在可持续发展教育资源的利用过程中，首先要明确资源利用的目标，即明确开发出的各种可持续发展教育资源在知识与技能，过程与方法，情感、态度与价值观方面要达到的目标。

例如，北京市顺义区三高科技农业实验示范区这一资源的目标是：知识与技能——认识几种生存在不同环境中的植物，了解它们生长的过程和生存的习性，了解生物多样性。过程与方法——种植一株自己喜欢的植物，初步学会使用小铁锹、小铲、小锄头、小镐等工具，提高动手实践能力。情感、态度与价值观——培养具有初步的学科学、爱科学、用科学精神和运用科学方法，解决生活、学习中的实际问题的能力。

又如，北京市房山区刺猬河这一资源的目标是：知识与技能——概述水体污染的形成原因及危害，关注生态环境问题（水污染、生物多样性下降等）。过程与方法——通过查阅有关水体污染和治理水污染的信息，调查良乡地区的刺猬河水体污染及防治措施，训练学生搜索信息和处理信息的能力；通过小组交流，提高学生的合作交流能力。情感、态度与价值观——关注水体污染问题，加强环保意识；通过了解刺猬河的变化，关注并亲身参与到保护身边水资源的行动中来。

（二）分析资源的角色功能

分析可持续发展教育资源在使用中的角色功能，是指资源在课程实施或教育活动中起到的作用。可持续发展教育资源在课程或教育活动实施中的作用可以分为素材作用和条件作用。素材作用有背景素材、内容素材、拓展素材等；条件作用如情境创设作用、媒体作用、基地作用等。同一资源可能会有诸多作用。

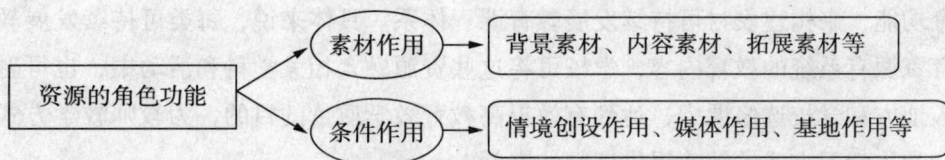

图 3-7　资源角色功能简图

例如，昌平区阳坊中学把清华阳光公司作为进行可持续发展教育的资源。该校借助清华阳光公司在能源利用、环境保护、企业文化等素材性资源开展教育。地理课、物理课、数学课、社会实践课、政治课等学科教师，结合教学任务以及相关教育活动目标，把这一资源在课程中的不同作用进行明确定位和利用，使学生可以通过这些素材很好地将理论与实际有机结合。

又如，平谷区第二中学将确定的京东大溶洞这一可持续发展教育资源定位于条件性资源，使学生能够结合国家课程中的地理课、美术课、语文课、化学课来解释京东大溶洞的形成原因，用语言、画笔描绘它的美丽。

（三）确定资源呈现方式

确定可持续发展教育资源的呈现方式是有效且持续利用资源的关键。一般依据资源使用的定位，按照物力资源、人力资源、课程资源等类别呈现可持续发展教育资源。

一种能够可持续利用的资源，需要通过多种形式固化下来，使之成为能够随时利用的资源。物力资源呈现方式是指以媒体、基地、实物、文本方式呈现可持续发展教育资源。例如，很多具有百年历史、声名显赫的学校，学校的文化积淀很深，培养出了一大批各行各业的拔尖人才，形成了特色鲜明的悠久人文传统，那么开发的课程资源呈现形式就有所不同，可以用各种文字、图片、影像以及校友们的讲述方式呈现，让一批批学生了解学校辉煌的过去，让学生在浓厚的学校文化氛围中生活和学习，被这种多年形成的文化所熏陶和感染，还可以通过现代化的设施、设备以及建筑物等硬件条件呈现。

人力资源呈现方式是指教师和学生谁是主体，谁是配角辅助者。这里特别强调新课改把一切可以与学生的学习发生联系的事物都称为教育资源，学生就是一种教育资源。在资源呈现上特别强调以学生为中心的思想，将学生的生活经历、经验、特长以及随机生成的一些信息纳入教育教学过程，将学生视为资源呈现的主体。

课程资源呈现方式是指以专题教育形式或模块形式承载相关可持续发展教育功能，来构建农村可持续发展教育课程体系。具体来说，每类可持续发展教育资源有系统的教育内容，学校可将这些资源融入相关学科和活动中，也可融入地方和学校选修课中，达到有效提高教育教学质量的目的，为教师教学方式和学生学习方式的转变提供广阔的空间。

例如，北京崔永平皮影艺术博物馆这一资源，可以用"皮影艺术"校本课程资源予以呈现，也可以作为参观学习基地的物力资源呈现，同时，博物馆馆长崔永平夫妇又是讲解皮影相关知识、展示皮影表演的人力资源。另外，顺义区第十中学的回民营村清真寺可以作为历史学科的课程资源呈现，同时清真寺可以作为学生了解不同民族文化、参观学习的物力资源，清真寺里的阿訇可以成为了解伊斯兰文化的人力资源。

（四）资源利用效果的评估

可持续发展教育资源利用效果的评估是改进与提高的重要环节，通过分析资源利用得是否有效，反思还有哪些可以提升的空间，以便再利用时进一步改善和提高资源的利用效率与效果。

例如，顺义区高丽营第二小学的杨镇汉石桥湿地这一资源利用取得了一定的成效。通过开发校本教材，丰富了教学内容，通过实践活动培养了学生强烈的社会责任感，也保护了鸟类，通过自发设计制作板报、印发爱鸟护鸟宣传材料，向同学、家长及社区的居民宣传爱护鸟类、保护环境的重要性和紧迫性，培养了学生可持续发展的价值精神。资源利用也有一些不足之处。第一，参观的学生要是再多一些就好了，下次争取带整个年级的学生去。第二，参加实践的学生的年级应该高一些，六年级比较合适，五年级学生对有些内容理解起来比较困难。

又如，大城子中心小学学生在生物实践基地里，利用可持续发展教育理念把学校教育与校内资源进行整合，形成了具有地方特色的教育模式，充分发挥了资源优势，解决了学校教育说教的成分问题，在教育形式上学生的学习从课堂上扩展到大自然中，学生的眼界开阔了，看问题的角度更广了，也使学校形成了自己的特色。资源利用的不足有以下几个方面。第一，资源内容很丰富，有很多方面还有待开发，以便更深入地利用。第二，教师和学生的可持续发展意识、科学素养有待于上升到更高的层次。第三，在资源人文建设方面以及传承祖国中医药文化建设中需投入更多的人力、物力、财力，使资源发挥更大的功效。

四、可持续发展教育资源利用过程中应注意的问题

在当前可持续发展教育资源的开发利用过程中，主要问题表现为资源内容需要进一步开发、挖掘和利用；受学科教学的限制，跨学科利用资源的效果不理想；学生升学压力大、学习时间紧、外出安全受限，参与实践的机会少，学生调查的时间少，可供研究的资料较少；财力受限，专家指导不足，尚未形成学校特色。因而需要提高学校利用和管理教育资源的意识、能力，建立资源利用的长效机制。

（一）提高利用和管理教育资源的意识

在传统的课程中，课程资源大多是国家和地方规定好的，是现成的、固定不变的。由于教育资源的单一使学校对课程的管理方式也比较简单，采用统一的教学内容、统一的教材、统一的教学进度、统一的考试来实施管理。开发可持续发展教育资源，实施可持续发展教育使得教育资源得到了很大的开发，不论是教育教学的内容、教育教学的方法、学生学习的形式和空间转换都趋向多样化。过去教师们考虑的只是如何把教科书的内容上好、教好，造成了课堂教

学的单调枯燥、机械灌输，同时导致大量的课程资源被闲置与浪费。要想改变这种情况，学校和教师需要积极提高利用和管理教育资源意识，自觉利用身边的可持续发展教育资源为教育教学服务。

（二）提升利用和管理教育资源的能力

不仅要提高利用和管理可持续发展资源等教育资源的意识，还要提升利用和管理教育资源的能力。学校要有计划地加强教师的学习与培训，使教师充分了解教育资源利用的途径、在教育过程中的作用，不断拓宽教育视野，提高利用教育资源的能力。学校需要进一步探索和丰富课程管理的手段，最大限度地发挥可持续发展教育资源的作用，服务于教师的教学和学生的学习。

（三）建立资源利用的长效机制

可持续发展教育资源的利用还要考虑资源本身的持续利用。可持续发展教育资源作为一种对学生进行可持续发展价值观教育的资源，本身需要具有可持续利用的价值。要建立可持续发展教育资源利用的长效机制，深入开发资源内容，打破学科限制，实现跨学科资源整合；协调学生的学习时间和学习内容，丰富学习方法，加强实践；配套资金，加强专家指导，加强反思、评估与监督，形成学校利用资源的特色。

参考文献

［1］张晓东 . 2003. 关于基础教育课程资源开发的几点思考［J］. 当代教育论坛（9）.

第四章 农村中小学可持续发展教育资源整合模式

第一节 农村中小学可持续发展教育资源整合

一、可持续发展教育资源整合的含义与价值

（一）可持续发展教育资源整合的含义

1. 整合、资源整合

整合，英文为 Integration，可译做整体、结合、集成和同化等。

从汉语词义上说，"整"含有整顿、整理、集约、集成的意思，都是使紊乱变得有条理、有秩序；"合"是与"分"相对的，含有结合、组合、合并、合作的意思，都是使分散变为集中、形成合力之意。

关于整合的含义，很多学者都有自己的理解和观点。

在哲学上，整合是指由系统的整体性及其系统核心的统摄、凝聚作用而导致的使若干相关部分或因素合成为一个新的统一的整体的建构、序化过程；在心理学意义上，整合是指在思想上将对象的各个部分联合为整体，将它的各种属性、方面、联系等结合起来。

此外，整合可以理解为按照统一标准，实施资源集中，在此基础上，进一步使有交叉的资源彼此衔接，通过一体化的举措而实现资源共享和协同工作。其精髓就是将分散的要素组合在一起，最后形成一个有效率的整体，让资源通过结合发挥最大的价值。

资源整合就是将资源视为一个系统，通过对系统各要素的加工与重组，使之相互联系、相互渗透，形成合理的结构，实现整体优化、协调发展，发挥整体的最大功能，实现整体的最大效益。资源整合是资源建设的重要内容，其内涵是优化与重组现有资源。

综上所述，本研究认为，资源整合就是将资源作为一个系统，通过对系统各要素的有序调理、有机组合，使之彼此相互衔接，形成合理结构的过程。

2. 可持续发展教育资源整合

可持续发展教育资源整合，是指以可持续发展教育实践探索为主体和依托，在开展可持续发展教育的实践过程中，将可持续发展教育资源系统及现有课程、教育资源中的各种潜在的、可能的资源，通过有序调理、有机组合并建立起相互衔接，形成有机联系的整体的过程（见图4-1）。

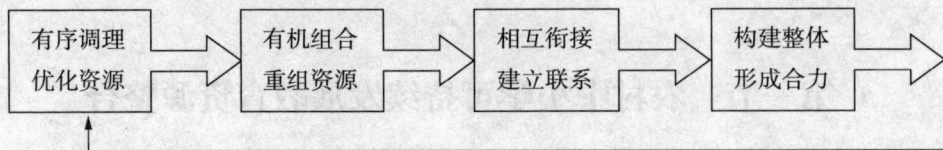

| 有序调理 优化资源 | → | 有机组合 重组资源 | → | 相互衔接 建立联系 | → | 构建整体 形成合力 | → |

图 4-1　可持续发展教育资源整合系统图

有序调理资源，是指将所挖掘的可持续发展教育资源按照可持续发展教育的领域、性质以及特点等规则整理出来，使得资源条理清晰、内容有序。有序调理资源是资源整合的前提，其目的就是要优化资源。由此，门头沟区为我们提供了经验。

案例 4-1

位于北京市西部地区的门头沟区，有极为丰富的可持续发展教育资源。"十一五"期间，北京市委、市政府决定将门头沟区定位为生态涵养发展区。生态涵养发展区是指北京的生态屏障和水源保护地，是保证北京可持续发展的关键区域。这一决策，成为促进门头沟区社会、环境、经济可持续发展的政策资源，利于学校开展可持续发展教育。

与此同时，门头沟地区已经建立的斋堂革命教育基地、冀热察挺进军司令部旧址陈列馆（北京市青少年教育基地）、雁翅素质教育基地、琉璃渠中小学劳动艺术教育基地、灵溪科普教育基地等，还有坐落在门头沟区内的永定河湿地、百花山、爨底下村、圈门过街楼、大戏楼、窑神庙等，都成为该地区社会、文化、环境、经济等领域的可持续发展教育资源。（门头沟教科所提供）

有机组合并相互衔接资源，是指将可持续发展教育资源重新结合，建立起内在的、有一定逻辑关系的联系。这是资源整合的重点，是有效利用可持续发展教育资源的关键，其目的是建立资源利用的机制。

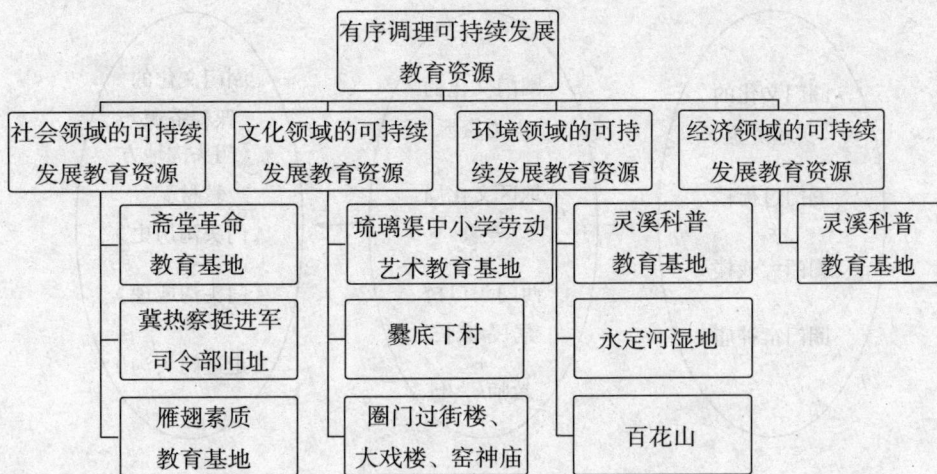

图 4-2 调理后的门头沟区的 ESD 资源

案例 4-2

反映北京市门头沟传统文化的圈门窑神庙（北京地区仅存的煤业信仰庙宇）位于门头沟区龙泉镇圈门中学院内；还有的资源存在于学校周边，像圈门过街楼位于门头沟区龙泉镇西门头口村东圈门，横跨横岭至永定河的泄水沟（俗称门头沟）上；圈门大戏楼位于龙泉镇西圈门，包裹在一片民宅之中，在圈门过街楼东约百米处，坐东朝西，与过街楼遥遥相对。为了整体了解门头沟地区的"圈门"文化，了解门头沟的发展历史，门头沟区西辛房中学将校内外与之有关的资源有机组合在一起，使之成为具有整体性、地区发展特点的可持续发展教育资源。

门头沟区西辛房中学为了有效开展尊重文化多样性教育，将寻找出来的圈门资源中涉及的各种物力资源建立起联系，将涉及的人力资源建立联系，将涉及的课程资源建立联系。在此基础上，将物力、人力以及课程资源进行对接。这种将挖掘的资源有序组合（见图 4-3），为资源的优化使用起到积极的作用。（门头沟区西辛房中学提供）

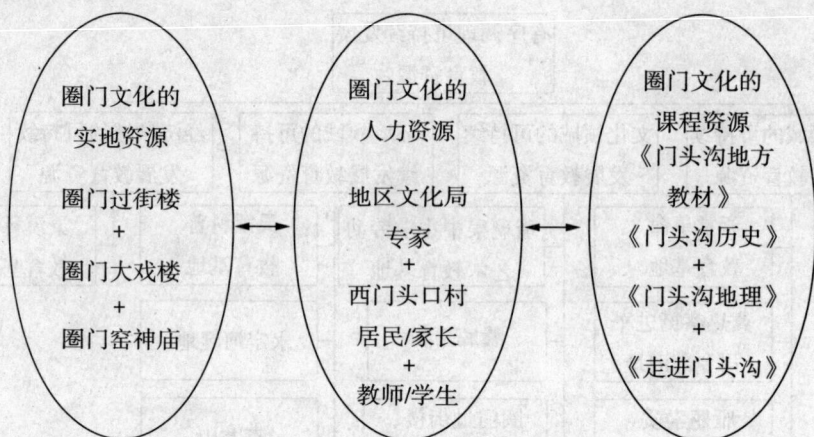

图4-3　门头沟区圈门文化资源衔接图

　　资源整合的最终目标，是将能够为可持续发展教育服务的方方面面的资源建立起直接或间接的联系，形成一个有机的整体，最大限度地为实施可持续发展教育提供服务（见图4-4）。

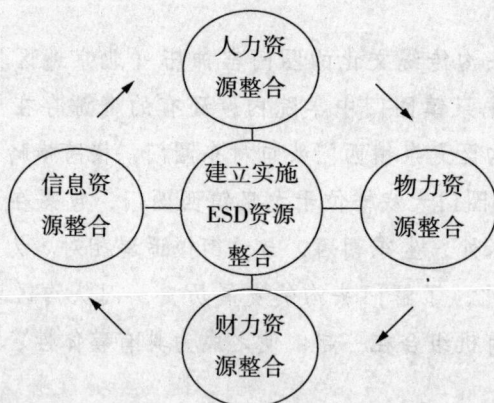

图4-4　可持续发展教育（ESD）资源整合体系

（二）可持续发展教育资源整合的价值

1. 有利于提高可持续发展教育资源的整体利用水平

　　任何一种教育活动都需要以一定的社会资源和自然资源为前提，在任何一种教育活动的过程中都要消耗必需的教育资源。如果没有可持续发展教育资源，或者资源极度贫乏，可持续发展教育活动很难开展和实施。教育资源是教育活动不可或缺的条件，教育资源对教学工作的作用不可估量。我国能够用于可持续发展教育的资源数不胜数，但是现已开发的可持续发展教育资源却十分有限，并且利用效率也不高，尤其是在我国广大农村地区。这在一定程度上对我国可持续发展教育事业产生了很大影响，所以在这种情况下必须要对现有资源进行重新组合与二次利用，从而发挥现有可持续发展教育资源的最大效益，这是进行教育资源整合的初衷。

2. 有利于解决学校实施可持续发展教育面临的实际问题

当前，在开展可持续发展教育的过程中，很多学校遇到了不同的问题，而学校不了解如何利用身边现有的资源进行可持续发展教育是这些问题的主要症结所在。一些学校对周围的丰富资源视而不见，一些学校开发了大量资源，但是多半是空有其表，没能真正地为教育教学服务。可持续发展教育资源整合恰恰能够解决这些问题。资源整合可以提供用于效仿和推广的方式方法，有了资源整合实例，学校就有了参照的样本，从而在实施可持续发展教育资源中遇到的问题也就迎刃而解。

3. 有利于学校管理水平与科研水平的提高

在实施可持续发展教育资源整合的过程中，往往需要学校来承担各种关于可持续发展教育的课题。这一方面提高了学校的管理水平，如学校如何开发利用校内、社区、区域资源，如何激发教师进行课题研究，如何组织学生参加各种课外活动。另一方面也提高了学校的科研能力，大量的科研活动是实现可持续发展教育资源有效整合的必要条件。因此对可持续发展教育资源的整合也有利于学校科研水平的大幅度提升。

4. 有利于学生的全面发展

学校进行可持续发展教育资源整合的直接目的是为了推进可持续发展教育，促进学校教学质量的提高，其根本目的是为培养能够适应社会发展需要的德、智、体、美全面发展的人才。通过对学校、社区以及所在区县的各种各样教育资源的系统整合，运用课堂、课外活动和社会实践活动等形式来陶冶、启迪学生，增强学生的动手实践能力，以促进学生全面发展。

二、可持续发展教育资源整合的原则

（一）系统性原则

整合可以产生各构件都不具有的新性质、新功能、新效果和新效益。系统的整体功能不是各组成部分孤立存在时所具有的功能的简单相加，而是强调

"合"，整合成一个有机整体。

根据系统论原理，资源开发是一项系统工程，在教育中最忌讳的是各种教育因素的无系统、协调性，这种不系统不协调往往导致各种教育影响的相互冲突，使教育效果被抵消、复归于零，甚至使被教育者产生思想混乱，引发负面效应。因此，在以学校为主体的可持续发展教育资源开发和整合过程中，要协调各种教育因素，使各种社会资源通力合作、密切配合，使系统中的每一个要素都充分发挥作用，这样才能达到整合开发的目的，产生 $1+1>2$ 的"合力"效应，形成一种齐抓共管、有序共进的教育合力，协同推进可持续发展教育。

（二）师生主体性原则

教师是实施可持续发展教育的主体，也是可持续发展教育资源整合的主体，因此整合需符合教师的基本素养，整合过程教师要始终参与，整合出来的教育资源是教师乐于接受、乐于利用和乐于实施的；教育资源整合的根本目的是为了促进学生的全面发展，学生也是资源整合过程的主体，从学生身上能直接体现出资源整合教育的效果，因此不能单纯为了可持续发展教育的推进而整合资源，而是要依据学生身心发展的实际需要进行合理地整合。整合出来的教育资源符合教育目标的要求和有助于教育教学质量的提升，从而最终促进教师发展和学生的全面可持续发展。

（三）需要性原则

稀缺性作为资源的一种基本性质而存在，上百年来人们想方设法来开发利用资源，而资源整合的最主要价值就是它能够对资源总量不足的现状进行补充和调解，盘活现有资源的存量，解决资源闲置浪费问题，发挥现有资源的效益，实现对现有资源的再次利用并提高其使用效率。学校进行可持续发展教育资源整合必须针对自身教育不足，有选择性地与其他学校、企业、教育机构进行合作，取"人"之长，补己之短。

（四）效能最大化原则

可持续发展教育资源整合前，由于教师队伍可持续发展教育的意识和能力不够，学校、社区和所在区域的许多有教育价值的资源未被充分重视和有效利用。进行可持续发展教育资源整合，一方面可以直接增加学校有形的教育教学资源，有利于学校教学工作的开展；另一方面可以促进教师科研能力、教学能力和学校管理水平等无形资源的利用；资源整合可以尽可能地做到物尽其用和人尽其才，发挥其最大效用，形成整体优势，促进学生、教师和学校共同发展。

（五）特色性原则

可持续发展教育资源整合中，首先必须确保开发和整合的教育资源既适合所有学生身心成长特点，又符合教育发展规律，还要考虑资源和学校自身的特色。从全局来看，应该针对不同地区、不同区域和不同类型的学校对可持续发展教育资源使用的需要；从局部来看，应该针对不同的问题和特殊的教育对象及特定地区、特定学校对资源使用的客观需要。由于地域、技术、具体问题的限制，加上客体的成长环境的特殊性及其自身素质的差异性，要求我们在从事具体的资源开发和整合时，要从环境条件、教育对象等具体实际出发，有针对性地开发、整合和利用资源。注意资源的普遍教育意义和资源对特定地区及特定教育对象的教育价值，如国家课程资源应当考虑全国各类地区、各级各类学校实施可持续发展教育中的共性问题来筛选资源；而各省、市、自治区经济社会发展很不平衡，有各自的侧重点，在选择可持续发展教育生长点和资源特点时当然要从各自的特色出发。

（六）管理互不冲突原则

为了促进可持续发展教育，进行资源开发和整合，资源整合是一项涉及各级政府、各级教育机构、各级各类学校、资源拥有者和管理者等多个行为主体的系统工程，而实施的关键主体则是学校。因此，学校在开发、整合资源过程中，必须认真分析、评估资源整合的方方面面，既要达到有效利用资源的目的，又不能妨碍资源拥有者和直接管理者的日常工作、正当利益和资源的合理保护，切实做到多方有机协调、共同利用资源的双赢乃至多赢的整合效果。

三、可持续发展教育资源整合的内容与途径

可持续发展教育本身注重在"自身发展中对各种教育资源的整合和配置效益，即教育系统内的各级种类教育资源的整合和相互共享，以及教育系统内的资源与教育系统外的资源的整合和配置"。（钱丽霞 等，2008）这也是建立终身教育和终身学习观念，形成学习型社会的应有之义。而可持续发展教育资源整合则更加突出地强调了资源整合是推进可持续发展教育的方法和手段，最终目的是为可持续发展教育服务的。

对于农村中小学校而言，对内要实现教师之间、学科之间、部门之间的教育资源整合和共享，有机地对课程资源、校园文化和课外活动等多种资源进行

整合；对外要注重对社区和区域的教育资源进行整合，对校内资源进行补充和完善。

（一）可持续发展教育资源整合的内容

在教育资源系统中，人力、物力、财力等物质性资源是最基础的教育资源，也是教育得以运转的基础和前提。按照资源的存在形式即划分为有形资源与无形资源，是最直观、最便利的资源分类方式；对于基础教育学校来说，按照这种分类进行资源整合也是最简单、最易于操作的。

1. 有形（显性）资源整合

有形资源整合就是整合人力、财力、物力等资源，这是教育活动赖以生存的物质基础，也是教育资源整合过程中最基本的要求。

（1）可持续发展教育人力资源整合

可持续发展教育人力资源具体来说，主要包括：教育主管部门、相关教育机构，教师及教辅人员、管理人员、学生、家长、资源管理者等。整合人力资源就是在推进可持续发展教育过程中，协调相关部门和人员，发挥整体优势，形成教育合力。

首先，教育行政部门提供政策支持，建立资源整合伙伴协调机制。科学的制度是学校实施可持续发展教育的前提，是促进可持续发展教育有效实施的有力保障。各地教育行政部门依据当地农村经济社会情况，把可持续发展教育资源整合理念融入中小学课程改革和素质教育全过程之中，研究制定实施可持续发展教育资源整合的相关政策和实施指导意见，以提高农村学校教育教学质量，促进教育均衡化发展，为农村社会、文化、经济和环境的可持续发展服务。同时，相关教育机构应积极宣传可持续发展教育资源整合的观念和思路，使农村学校认识整合可持续发展教育资源的必要性和紧迫性，明确可持续发展教育资源整合的目的是深入推进可持续发展教育，培养具有可持续发展价值观念的全面人才；挖掘校内、社区（包括家庭）和区域的可持续发展教育资源，扩大可持续发展教育资源整合的影响力度和实施力度，为开展可持续发展教育奠定基础。

其次，学校教师和管理人员转变观念，提高可持续发展教育资源整合意识和能力。学校作为可持续发展教育资源整合的最终执行者，是顺利实施可持续发展教育资源的关键。在办学思想上，彻底摒弃以知识灌输为主的"应试教育"，用可持续发展教育理念引领农村学校各项工作，根据当地情况重新定位教学目标、教学内容、教学方法和教学评价，建立和完善可持续发展教育的支撑和管理制度体系，注重教育资源的开发、整合和利用，尤其是完善教师和学生综合评价制度，确保可持续发展教育资源整合有序开展，推进可持续发展教育顺利实施。学校是一个系统，内部教学、行政和后勤等各个职能部门之间相互协作，才能综合推进可持续发展教育资源整合，确保可持续发展教育资源整合的成效。教学是学校工作的重心，教师在教育教学中起着主导作用，这就要求教师通过学科、跨学科和社会综合实践活动等方式进行可持续发展教育资源整合，使学生获得积极参与可持续发展所需要的知识和相关技能。教育成效最终体现在学生的行为上，而学校管理正是将学生在课堂上学到的可持续发展知识、技能外化的一个有效途径。学校管理本身也是学校教育的重要组成部分，学校管理人员要从学生出发、尊重学生差异，合理开发、整合当地资源，运用符合当地特色和风俗习惯的管理方式，切实做到管理育人，促进学生形成良好的行为习惯和生活方式。

最后，家庭、社区和资源管理者广泛参与，形成可持续发展教育资源整合的合力。可持续发展教育资源整合涉及经济、环境、社会和文化等各个领域，影响深远，其教育成效会最终体现在社会发展的各个层面。因此，农村学校以实施可持续发展教育为契机，转变教育观念，以可持续发展教育资源整合为有效手段，以学校当地的环境、资源、农业发展和新农村建设等来充实教育教学内容，适时开展可持续发展教育活动，培养学生生存生活和做人做事的价值观和行为习惯。

家庭教育资源是学校教育资源的补充和延伸。农村学生家长文化水平相对较低，平时多忙于生计，无暇顾及学生的学习与成长，而且教育方法简单粗暴，只注重考试分数，缺乏对学生尊重和爱护，更缺少主动开发教育资源的意识和能力。因此，学校要与学生家长建立长期联系，提高家长的可持续发展教育意识，使其积极提供可用于可持续发展教育的资源，以便进行有效地开发与整合，应用于可持续发展教育过程中，对学生成长形成正面效应，积极塑造学生良好的行为习惯。

除了整合家庭教育资源和学校教育资源外，学校周边区域的社会教育资源更为丰富，这些资源具有开放性和多样性等特点，对学生的影响也更为广泛和深入。通过对区域社会教育资源进行整合，根据资源的存在形式，可以将资源引入校内，与课程和课外活动有机结合；也可以在学校教师和资源管理者的带领和指导下，让学生直接走近社会教育资源，参与教育资源的开发与整合，参与社会活动。

综上可知，农村学校实施可持续发展教育需要教育行政部门、学校和资源管理者等多方通力协作，建立长期有效的伙伴协作机制，积极提供可供可持续发展教育使用的资源，参与可持续发展教育资源整合的宣传与推广、评价与监督，形成"学校、社区、社会"三位一体的教育资源整合合力，共同推进可持续发展教育。

案例 4 - 3

房山区周口店中心小学开展世界遗产教育人力资源整合案例

举世闻名的周口店北京人遗址，是人类文明的发祥地，是全人类共同的文化遗产。50 万年以来，相继是"北京人"、"山顶洞人"和现代人的家园。坐落于"周口店北京人遗址"脚下的周口店中心小学，为了让学生实地参观、体验、感受祖先生活的环境，建立传承国家、民族文化的核心价值观，有效地开展世界遗产教育，学校整合了校内外不同层级的世界遗产教育人力资源（见图 4 - 5）。

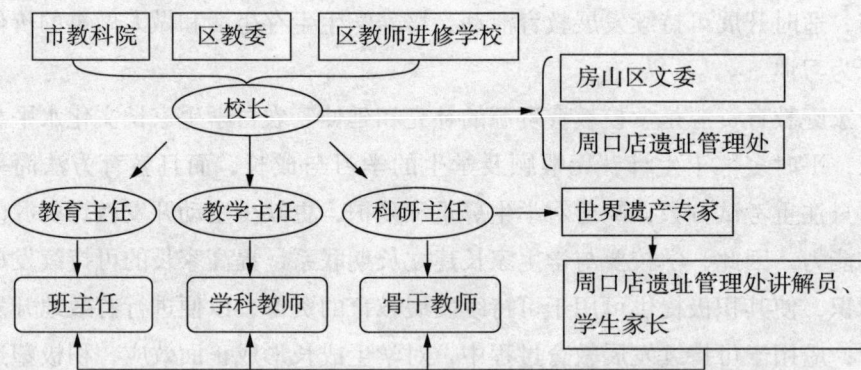

图 4 - 5　房山区周口店中心小学世界遗产教育人力资源整合图

（2）可持续发展教育物力和财力资源整合

物力和财力资源是指开展可持续发展教育所需要的设施的物质构成以及教育经费，它是教育教学活动的物质基础和资金支持，主要包括：各种建筑物、教学设备、仪器、运输工具、书籍等。物力资源与财力资源在一定条件下可以相互转化，因此，本研究将二者进行集中与统一的整合，这样既利于加快资源整合的速度，又有利于提高资源整合的整体水平与利用效率。

由于我国区域经济发展水平的不同，物力和财力资源在城市与农村学校之间存在较大差异，因此，进行物力与财力资源整合对农村中小学来说意义重大。

作为义务教育的重要组成部分，农村中小学的财力资源是指以国家投资为主体的、各级政府向学校提供的教育经费，它是国家预算支出的重要组成部分。不过，对于经费相对紧张的农村中小学来说，这些财力资源尚且不能满足学校进行校舍改造、桌椅更新、仪器添置等日常需要，更别说用于开展可持续发展教育之需。在此情形下，应采取以下几种方式加以改进。

首先，地方政府和教育部门除了要加大对农村教育的财政支持，还要提供为开展可持续发展教育而进行资源整合的政策支持。

其次，要发挥区域内现有的资源优势，依据学校教育教学实际需要，合理建立学校和资源管理者部门广泛的合作联系；对学校、社区和区域内的图书馆、科技馆、文化馆、博物馆和实验室等公共资源进行合理、有序地筛选、开发和整合。

最后，有针对性地将这些资源整合成学校可持续发展教育的活动课程、专题课程，甚至是校本课程和地方课程，为学校教育教学服务，为推动当地可持续发展服务。

📚 案例 4－4

房山区周口店中心小学开展世界遗产教育物力资源整合案例

周口店中心小学在开展世界遗产教育过程中，在房山区教委以及房山教师进修学校的扶植下，与周口店遗址管理处建立起长期合作开展世界遗产教育的机制，周口店遗址管理处定期免费向学校开放。学校利用北京人遗址以及管理处内博物馆、信息资料等物力资源，让小学生在周口店北京人遗址开展研、学活动；同时，周口店中心小学组建"五小员"制度，定期到周口店北京人遗址，向社会公众进行世界遗产保护等宣传教育。

2. 无形资源整合

无形资源包括教育管理能力、科学技术知识、师资水平、学校声誉、学生能力等，是一种看不见的智力或人力资源，它相对于有形资源来说，价值是不可估量的，在教育资源中占有极其重要的地位。这些资源直接或间接地影响和支配着人、财、物等物质资源的获取，也可以转换成物质资源，尤其是教师能力、学校管理能力和校园文化建设对可持续发展教育起着至关重要且不可替代的作用。

（1）学校资源整合能力

学校资源整合能力主要包括学校教师与管理人员进行可持续发展教育资源整合的能力。教师是作为实施可持续发展教育教学活动的主导者，也是最终执行者，教师资源整合能力培训是农村实施可持续发展教育的重要环节；学校管理人员对学生生活学习进行直接关照，也发挥着潜移默化的作用。因此，农村学校开展可持续发展教育最直接、最关键的是教师与管理人员的资源整合能力，农村中小学参加可持续发展教育资源整合培训是顺利开展可持续发展教育的一个必不可少的有效途径。

加强农村中小学教师和管理人员能力培训是农村学校开展可持续发展教育的首要任务。从教育科研院所、高校邀请从事可持续发展教育一线研究的专家、学者，就资源整合问题，对农村教师进行全面、系统的培训。学校可以开展各学科、跨学科，甚至是跨年级的教师培训，给教师创造一个共同探讨的平台，使实施教师更深入理解可持续发展教育资源整合的内涵、实质与特征，相互交流、研讨可持续发展教育资源整合及教学实践经验，带动学校的更多教师参与到可持续发展教育资源开发与整合中。通过系列培训，提高教师的可持续发展教育资源整合的意识和能力，使农村教师在教育教学实践过程中能够自觉有效地向学生渗透可持续发展知识和技能，促进学校教育教学质量的整体提高。

同时，应加强城乡学校的协作。运用以区县为单位，以对口支援、校校联合的方式，合理进行教师轮岗教学，并逐步将此作为评定职称的一个指标。城市和农村教师所在区域不同，所教对象也有区别，因此所教的内容也应有所差别。进行教师协作，交互运用不同的区域教育教学资源，挖掘学生的学习潜力，更好地满足学生不同的学习需求。例如，近年来北京市教委实施了城乡"手拉手"活动，组织了103所城市学校与103所农村学校对口帮扶；全面启动了城镇教师支援农村教育工作，各区县也积极落实，目前1010名全职指导教师已经全部到位，并且将支教一年的经历作为今后评定职称的条件。（李剑阁，2008）这一举措促使轮换的城市和农村教师有效地进行了可持续发展教育教学经验的交流与反思，共同开发和整合教育资源，提高可持续发展教育教学水平。

（2）校园文化

广义的校园文化是指学生生活的存在方式的总和，其主体包括生活在校园内的学生、教师和行政人员三大群体，它是在物质财富、精神产品和氛围以及活动方式上具有一定独特性的文化类型。狭义的校园文化是指学校精神文化，是在学校发展历史过程中形成的，反映着人们在生活方式、价值取向、思维方式和行为规范上有别于其他社会群体的一种团体意识和精神氛围。狭义的校园文化指的是学校所具有的特定的精神环境和文化气氛，是以校园精神为主要特征的群体文化，包括校园建筑设计、校园景观、绿化美化等物化形态的内容，也包括学校的传统、校风、教风、学风、管理制度、人际关系、集体舆论、心理氛围以及学校的各种规章制度和学校成员在共同活动交往中形成的非明文规范的行为准则。

校园文化是可持续发展教育的校内教育资源之一，校园文化具有互动性、渗透性和传承性。因此，校园文化是可持续发展教育资源整合过程中最难短期实现的。校园文化涉及的这些无形教育资源需要从学习、活动和管理制度等不同层面进行系统式整合。若学校通过持续进行教育资源整合，开展有效的可持续发展教育，形成独具风格的可持续发展的文化氛围，则会对学校内部的师生和管理人员形成潜移默化的积极影响，对外则无形中提升了学校的声誉和社会影响力。

首先，营造浓郁的学习文化氛围。学校的根本任务是为社会培养符合时代要求的人才，倡导终身教育、终身学习理念；可持续发展教育具有综合性、终身性等特征，二者在根本理念方面是一致的。学校可以增加可持续发展方面图书资料的购置，建立师生员工网上学习的电子图书馆，使学校师生学习可持续发展的相关知识，建立师生围绕可持续发展进行交流沟通的网络渠道，建立学习型校园。

其次，开展系列式班团活动。在教师的指导下，以学生为主体，积极开展创建可持续发展型班级、可持续发展社团活动，组织学生参加可持续发展主题班会和"校园可持续发展从我做起"演讲活动，扩大可持续发展宣传，带动师生广泛参与到具体的社会实践活动中来，形成具有广泛号召力和影响力的校园文化。

最后，整合校园育人环境。学校建设和管理过程中，既要体现以学生为本的理念，又要自觉引导学生形成可持续发展的价值观念；形成以教师为主体、管理人员为辅助的高素质的实施可持续发展教育学习和实践活动，带动学生整体融入可持续发展式生活之中，灌输新一代公民全新的生活理念和生活方式；逐步形成学校教育学生、学生带动家长、家长影响社会的人人参与可持续发展的社会风尚和文化氛围，从而推动可持续发展，共同建设和谐校园。

（二）可持续发展教育资源整合的途径

可持续发展教育资源整合需要学校积极寻找、挖掘校内外的环境、经济、社会和文化四个领域中潜在的可供开展可持续发展教育利用的各种自然资源与社会资源。农村中小学实施可持续发展教育，难点在于缺少相关教育资源，更为迫切的是学校缺乏资源开发与整合的意识与能力。因此，开发和整合教育资源，并有效转化为可直接利用的可持续发展教育资源，应用于三级课程、综合社会实践课程、课外校外活动与班团队活动过程中去，是农村学校进行可持续发展教育资源整合的主要途径。

1. 国家、地方和校本三级课程

中国第八次基础教育课程改革于 1999 年正式启动，2001 年教育部颁布了《基础教育课程改革纲要（试行)》和中小学义务教育阶段 18 门学科的课程标准。可持续发展教育本质上是一种价值观教育，与新课改的时代背景、理念与目标是一致的。（张铁道，2009）因此，开展可持续发展教育，有利于推进我国基础教育课程改革；进行可持续发展教育资源整合的直接目的是更有效地实施可持续发展教育；可持续发展教育资源整合与新课改二者密不可分、相辅相成，进行教育资源整合有利于新课改的实施与推进，有利于深化基础教育课程改革。

（1）国家课程

新课改规定国家课程标准要"对学生进行爱国主义、集体主义和社会主义教育，加强中华民族优良传统、革命传统教育和国防教育，加强思想品质和道德教育，引导学生树立正确的世界观、人生观和价值观；要倡导科学精神、科学态度和科学方法，引导学生创新与实践"（中华人民共和国教育部，2001），这些都与可持续发展教育具有共同的价值导向。

随着课程改革的深入进行以及我国三级课程管理体制的实施，各级各类学校的课程状况有了很大改变，尤其是基础教育课程那种千篇一律的状况有了较大的改观，取而代之的是学校课程的个性化与丰富多样化，课程资源开发的需求大大增加。在开发和整合农村课程资源时，要更多地从学生的角度来看待周围的一切，要努力寻找学生的兴趣所在，力求选择出来的课程资源"儿童化"、"学生化"、"生活化"，将这些教育资源依照国家课程标准与培养目标进行整合，并加以有效实施。

（2）地方课程

地方性是可持续发展教育的一个显著特点。（联合国教科文组织，2005）农村中小学课程要为当地社会经济发展服务，学校教育是培养农村地区的学生可持续发展的意识和能力的最重要途径，当务之急是完善涵盖农村可持续发展教育的地方课程。

地方教育部门应从当地经济社会的实际情况出发，以学生的特点与兴趣为着眼点，开发和整合具有地方特色的教育资源，不断充实与完善符合当地社会情况和风土人情、与可持续发展教育相关的地方课程。只有这样，学生才能更好地参与到可持续发展教育资源开发与整合过程中；构建的地方课程也才能充分调动学生的参与积极性，融入当地经济建设与社会发展的进程中。

（3）校本课程

校本课程是一所学校和教师共同拥有的学校教育理念的反映，也是学校所具有的办学历史和文化传统的积淀。"学校在执行国家课程和地方课程的同时，应视当地社会、经济发展的具体情况，结合本校的传统和优势、学生的兴趣和需要，开发或选用适合本校的课程。各级教育行政部门要对课程的实施和开发进行指导和监督，学校有权利和责任反映在实施国家课程和地方课程中所遇到的问题。"（中华人民共和国教育部，2001）

农村中小学学校在课程资源的建设中，可选择的内容颇为丰富，比如农业的地位和发展历程、环境恶化、新农村建设、养殖、种植、经营等。这些农村社会的现实问题需要农村学生去关注、了解，这样学生才能成为农村建设的积极参与者；学校需要将当地自然资源与社会资源，转化成为可持续发展教育资源，发动全校师生共同进行开发、整合，并逐步形成独具农村特色的校本课程为农村经济社会可持续发展服务。

（4）运用三级课程进行资源整合过程中需要注意的问题

第一，要将教材作为三级课程资源整合的核心。依托教科书进行课程资源的开发、整合和利用，教科书和相应的补充或指导材料在目前课改中应受到极大重视，但不应把教科书或教材作为唯一的课程资源。

第二，要促进学科课程资源的整合。学科教学是实施农村中小学可持续发展教育的主要渠道。一是学科内课程资源之间的整合，各学科教学要结合学科的特点，依据课程标准和可持续发展教育的相关要求，组织学科教师集中研讨，共同开展学科资源开发与整合；二是跨学科课程资源的整合，各学科间具有密切联系和相关知识点，跨学科进行课程资源整合不仅有利于可持续发展教育教学更加系统、更加顺利地开展，还有利于教师自身素质的提高，形成教育团队优势。

第三，要重视师生参与课程资源的整合。培养师生课程资源开发与整合的意识，重视学生在学习过程中发现的问题；同时，师生的生活经验和经历也可以成为课程资源的有机组成部分。师生共同进行探究学习，这实际上是合作的课程观在课程资源开发中的反映。这样既提高了资源整合的进度和质量，又提高了师生的参与兴趣和可持续发展能力。

第四，要促进与信息技术整合的课程资源开发（网络资源和多媒体课件）。一是有利于培养学生收集信息、处理信息的能力；二是可以使课程资源尽快做到社会共享，做到共同开发、共同整合和共同利用，形成共同学习的社会氛围。

2. 综合实践活动课程

我国农村中小学课程结构不尽合理，很突出的一点就是不重视农村学校综合活动课程的开发，或将活动课程简单化，仅象征性、应付式地开设了一些体育活动或艺术活动课程，而对与农村生产生活实际紧密相连的综合实践活动课程的开设却没有引起足够重视。

"综合实践活动是实施中小学可持续发展教育的重要途径"。（北京市教育委员会，2007）[246]综合实践活动是以学生的直接经验或体验为基础而开发和实施的。例如，北京市通州区马驹桥学校开展以节水教育为主题的综合社会实践活动，带领学生对学校周边的凉水河进行实地调查，测量水量变化状况，通过观看录像和计算数据，结合永定河的水量和密云水库的水量，对比北京市和世界的人均水资源占有量，亲自体会北京市水资源严重紧缺的状况，查找北京市水资源紧缺的人为原因，引导提出有效的解决对策；组织学生进行小组讨论和节水比赛活动，使学生学会节约用水的方法，帮助学生形成节约用水和保护环境的良好行为习惯和生活方式。

学校不仅把可持续发展知识与理念渗透到课改过程中，还带动教师充分开发和整合当地的教育资源，组织学生开展参观、访问、调查等社会实践活动，努力增加学生动手实践的机会，拓展综合实践活动的空间，有计划地引导学生接触自然，接触社会生活，帮助学生了解人与自然的关系、人与社会相互依存的关系以及人类活动对环境和资源的影响，在自身实践体验中增长节约资源的知识、提高保护环境的技能，引导学生养成可持续发展的价值观念和生活习惯，以促进学生全面、健康发展。

3. 课外校外活动

课堂教学活动和课外校外活动是学校培养人的相辅相成的两条基本途径。课堂教学是主干、是基础，课外校外活动与课堂教学活动有机配合，能使学生乐学亲师。课外校外活动是学校教育活动的一个方面，是学校教育工作的有机组成部分，对青少年来说，校外活动是社会教育活动的一个方面，对于促进学生全面发展，培养创造性人才有积极作用。

可持续发展教育课外校外活动是指学校在课程计划和学科课程标准以外，利用课余时间，对学生实施的各种有目的、有计划、有组织的可持续发展教育活动。可持续发展教育课外校外活动既要遵循自愿、自主、符合学生年龄特征和个性差异等一般性课外校外活动原则，还要充分体现地方性、适用性与价值导向性等原则。农村中小学引导学生围绕可持续发展教育的九个主题（尤其是新农村建设、环境保护与民俗文化等内容），对当地教育资源与学校教育进行有机衔接、合理整合；利用各种青少年教育基地、场馆、公共文化设施等社区、区域的教育资源，尤其是资源管理者和技术人员，开展灵活多样的可持续发展教育实践活动。在整个活动过程中，不仅使学生巩固课堂所学的相关知识，得到各种生存的锻炼、生活能力的提高，而且可以对学生的生活习惯与行为方式进行积极、有效地引导，促进学生德、智、体、美全面发展。

4. 班团队活动

可持续发展教育班团队活动是以学生为主体，围绕可持续发展教育主题相关内容，以学校为主要活动空间的集体式、互动式活动。班团队是学生学校生活的基本而重要的场所，是学生人际交往的基本载体，是学生走向社会的起点。班团队活动是培养学生可持续发展意识的又一重要途径。（北京市教育委员会，2007）[247]

相对城市学校而言，农村中小学班团队活动严重缺乏，活动形式相对单一，且远离学生现实生活，因此班团队活动并不受学生欢迎，教师也是应付而为、消极对待。其原因大致有以下三点：一是农村学校由于升学与招生压力，以应试为导向，实施素质教育相对滞后；二是教师指导学生进行班团队的积极性不高，且自身的意识与能力有限。三是学校缺乏班团队活动经费。

农村中小学应充分认识到班团队活动对于学生自主性、创新性与社交能力的培养，对于学生全面发展的重要作用，克服经费困难，进行教师活动指导能力培训，依据地域特色与学校的资源优势，引导学生成立绿色环保社团、生物科技社团等有关农村社会的相关班团体，促进学生全面、持续发展，为农村可持续发展做好人才储备。

第二节　农村中小学可持续发展教育资源的整合模式

一、可持续发展教育资源整合模式的内涵

由于我国农村学校所在地区经济社会发展水平和学校自身的教育教学水平存在较大差异，因此，进行可持续发展教育资源整合必须因地制宜，必须分析和整理出既具有典型性又具有普适性意义的教育教学实践模式，以便对我国农村开展可持续发展教育起到示范性和参考性作用。

（一）可持续发展教育资源整合模式的含义

1. 资源整合模式

"模式"一词是英文 model 的汉译名词。model 还译为"模型"、"范式"和"典型"等。一般指被研究对象在理论上的逻辑框架，是经验与理论之间的一种可操作性的知识系统，是再现现实的一种理论性的简化结构。

美国的乔伊斯和韦尔最早将"模式"一词引入教育教学领域，并加以系统研究。

资源整合模式从整体上来说，是一种策略、一种机制，可对现实资源存在的不足进行补充和调解，盘活现有资源，克服资源闲置浪费现象，发挥现有资

源的效益，实现对现有存量资源的二次开发，从而提高使用效率。运用资源整合模式，可以使我国现有资源打破条块分割、各自为政且都不成气候的局面，形成规模效益，减少资源闲置和浪费现象，从而提高现有资源的整体效益。

教育资源整合模式就是根据实际需要，为提高教育质量，对国家、社会现有的可供教育使用的资源进行开发并加以系统性地组合，使之成为运用于教育实践的具有借鉴和推广价值的教育资源的基本范式。

2. 可持续发展教育资源整合模式

可持续发展教育资源整合是为可持续发展教育服务的。因此，从理论上对可持续发展教育模式本身做一简单的界定，有助于进一步概括和理解可持续发展教育资源整合的内涵和特点。

任何教育模式都是在一定的教育理论或教育思想指导下建立的，每一个模式都有一个内在的理论基础。教育模式的方向性和独特性是由一定的教育理论或思想决定的。可持续发展教育模式的核心理论基础是现在世界各国正在大力弘扬和贯彻的可持续发展理论。

任何教育模式都要指向一定的目标，即教育模式是为了完成特定的教育目标而设计构建的。可持续发展教育目标是教育模式构成的核心要素，它影响着教育模式的操作程序和师生的组合方式，也是教育评价的标准和尺度。可持续发展教育模式本质上是一种价值观教育，核心是"四个尊重"：尊重他人、尊重差异和多样性、尊重环境和尊重地球资源；通过可持续发展教育使受教育者形成可持续发展未来和社会变革所需的价值观、行为和生活方式，以促进社会、环境与经济的可持续发展。

任何教育模式都必须在特定的条件下才能发挥效力。教育模式的支持条件包括环境、设施、教育教学手段、教育教学的时空组合等。随着教育教学手段现代化，教育教学对于物质条件的依赖程度越来越大，各种媒体在教育教学过程中的运用，对于实现教育模式的功能起到不可或缺的作用，认真研究并保障教育模式的实现条件，可以更好地掌握和运用教育模式，成功达到预期目的。

由此可以概括出，可持续发展教育资源整合模式就是指学校在开展可持续发展教育过程中，形成的开发、有效组合和利用校内外各种教育资源的基本范式或方式。它不仅具有模仿性、可重复性及规范性等一般特点，还具有可持续发展教育自身的一些特点。

本研究所指可持续发展教育资源整合是以学校的可持续发展教育实践探索

为主体和依托，在开展可持续发展教育的实践过程中，采取一系列的技术、方法和手段，对各种潜在的（校内、校外的）、可能的（人力、财力、物力、信息、制度等）资源通过加工与重组，使之相互联系、相互渗透，形成合理的结构，实现整体优化，协调发展，并在实施可持续发展教育的创新性实践过程中发挥整体最大功能，实现整体最大效益的过程。

具体说来，本研究将可持续发展教育资源整合视为一个系统，对各种潜在的、可能的（人力、财力、物力、信息、制度等）资源，通过有序调理、有机组合，使各种资源建立起相互衔接、协同推进的机制，形成实施可持续发展教育发挥整体最大功能的合理结构，实现整体最大效益的过程。

（二）可持续发展教育资源整合模式的特点

1. 价值导向性

由于任何一种可持续发展教育资源整合模式都围绕着一定的可持续发展教育教学目标设计的，而且每种模式的有效运用也需要一定的条件，因此不存在对任何教育教学活动过程都适用的普适性的模式，也谈不上哪一种教学模式是最好的，只能看哪种模式是在一定的情况下达到特定目标的最有效的模式。可持续发展教育资源整合过程中，必须注意不同模式的特点和性能，注意所选用模式的指向，更要把握可持续发展教育的价值导向性。

2. 易于操作性

模式是一种具体化、操作化的教学思想或理论，它把某种教学理论或活动方式中最核心的部分用简化的形式反映出来，为人们提供了一个比抽象的理论具体得多的教学行为框架，形象具体地规定了教师在开展可持续发展教育教学时的行为，使教师在教育教学活动过程中有章可循，便于教师理解、把握和运用。

3. 系统完整性

可持续发展教育资源整合模式是以可持续发展理论为基础，以可持续发展教育四个领域的九个主题为主要内容，以资源整合为核心途径的系统方法论；它是教育教学实践和可持续发展教育理论构想的高度统一，所以有一套完整的结构和一系列的运行方式与要求，体现理论上的系统性和实践过程中的完整性。

4. 相对稳定性

模式是大量教学实践活动的理论概括，在一定程度上揭示了整合模式工作带有的普遍性规律。一般情况下，可持续发展教育资源整合模式并不涉及具体的学科内容，所提供的程序对教学起着普遍的参考作用，具有一定的稳定性。但是模式是依据一定的理论提出来的，而一定的教学理论和教学思想又是一定社会的产物，因此模式总是与一定历史时期社会政治、经济、科学、文化、教育的水平相联系，受到教育方针和教育目的制约。因此这种稳定性又是相对的。

5. 灵活主动性

可持续发展教育资源整合模式是不能生搬硬套的。在运用的过程中必须考虑到学科的特点、教学的内容、现有的教学条件和师生的具体情况，从学校、教师和学生等出发，进行适当方法上的调整，以体现对实际情况的主动适应。

（三）可持续发展教育资源整合模式的价值

1. 借鉴价值

资源整合模式研究本身不仅是目的，而是一种手段，资源整合模式是通过对多种资源整合的成功案例进行分析归纳而得出的，具有很好的推广应用价值。在进行新的资源整合工作时，可以参考与借鉴已有的整合模式，这是资源整合工作的一个切入口，是一种行之有效的工作方法。

2. 推广价值

资源整合模式是通过对多种资源整合的成功案例进行分析归纳而形成的基本范式，是资源整合工作理性化、概念化的重要途径，是对可持续发展教育资源开发与整合实践与经验的高度概括和升华，具有很好的推广应用价值。

3. 创新价值

资源整合模式研究有利于相关工作人员的实践能动性和创造性的发挥。资源整合实践具有丰富的活动性和可操作性。而资源整合模式则可以较好地发挥教育理论具体化和实践方式概括化的中介作用。资源整合模式是教学实践的产物，高于实践；资源整合模式又是教学理论的演绎，低于理论。因此研究资源整合模式既可以丰富和发展资源整合理论，又有利于指导资源整合的实践活动。这是资源整合创新的价值所在。

二、可持续发展教育资源整合模式的类型

农村学校在开展可持续发展教育过程中，在进行资源整合过程中，应从区域经济社会发展情况、学校发展定位、教师素质和学生身心特点等诸多影响因

素出发，选择适合自身的资源整合模式。学校在选择资源整合模式时，既可以选择单一模式，又可以选择多种模式；既可以独立使用一种模式，也可以在使用过程中改用其他模式，还可以同时使用多种模式进行系统整合。一切以学校实际情况为出发点，以推动可持续发展教育为核心，以促进学生、学校和社会的全面持续发展为最终目的。

依据《北京市可持续发展教育指导纲要》规定的领域内容和特点，并充分考虑农村中小学可持续发展教育开展的具体情况和发展趋势，本研究从教育主体、管理主体、内容取舍和资源利用等不同角度进行归纳总结，共概括出以下五种资源整合模式。

（一）统筹合作型模式

1. 统筹合作型模式的结构及特点

所谓统筹合作型模式，就是由学校所在区域内的行政领导机关组织牵头，联合教育科研机构、技术部门、相关企事业单位等，对本区域的中小学可持续发展教育资源整合进行统一协调、筹划管理和使用的模式。

统筹合作型模式要求相应一级行政领导机关负总责，依据可持续发展教育的目标和内容，对辖区内的教育资源进行统筹安排，使其合理配置，最大限度地发挥效益，使各种教育资源统一到为提高学生可持续发展意识和能力上来，并对可持续发展教育资源开发、整合及利用情况进行指导和评价。

统筹合作型模式具有权威性高、协同性强和覆盖面广等特点，此模式的前提是由区域行政机关牵头，经过多层调查研究，制定出相关政策与指导性文件。如在北京市教育委员会下发了《北京市中小学可持续发展教育指导纲要》后，由中共北京市委宣传部、首都精神文明建设委员会办公室、中共北京市委教育工作委员会、中共北京市委社会工作委员会、北京市教育委员会、北京市发展和改革委员会、北京市财政局、北京市人事局、北京市文化局、北京市文物局、共青团北京市委员会、北京市人民政府教育督导室12个政府机构统筹确定下来的"北京市中小学生社会大课堂建设方案"，成为北京市中小学开展可持续发展教育的资源（见资料4-1）。这些资源为北京市中小学可持续发展教育资源整合提供了政策支持，为可持续发展教育的地域推进提供了很好的平台。

资料 4-1

北京市中小学生社会大课堂建设方案（摘要）

北京市中小学生社会大课堂（以下简称"社会大课堂"）是教育行政部门联合本市各有关部门以及行业管理机构，整合利用北京丰富的人文、自然资源，以爱国主义教育基地、公益性文化设施、科研院所、企业、农村、社区等社会资源和有条件的高等院校、普通中小学、中等职业学校等教育系统内资源为依托，本着"合力建设、成果共享、服务学生"的原则，通过提供免费或优惠的场所条件、安全的活动环境、相适应的教育教学内容，为学校集体组织和学生个人开展丰富多彩的课外、校外活动，开展研究性学习、社区服务、社会实践以及组织学科教学活动等创造条件。

……

建设与管理方式

（一）市、区县、学校合力建设，市级统筹，区县管理，学校实施，形成上下衔接的可持续发展管理运行系统。

市级职责：统筹资源，示范指导，支持推动。区县职责：辖区管理，资源应用，创造特色。学校职责：纳入课程，校本开发，重在实效。

（二）教育部门与社会部门合作建设，互利共赢，成果共享，形成横向协同沟通的支持系统。……

呈现方式：481 家资源单位向学生开放；为 44 个社会大课堂课程教学活动实验基地挂牌；开通便于查询资源信息的门户网站，将《北京市中小学生社会大课堂指南》发至学生。

2. 统筹合作模式的运行

可持续发展教育本身是一项十分复杂的社会工程，需要社会多方参与、合作，需要长期细致的宣传发动、组织协调工作。如果离开了行政的统一领导、出面组织，社会上各种分散的教育力量很难统一起来，可持续发展教育资源整合则步履维艰，可持续发展教育要想得到迅速健康的发展是难以想象的。

统筹合作型模式有以下两种运行方式。

一是自上而下式。这种方式是指区域行政机关为推进某种教育，根据上级政策要求进行相关调研，直接下发指导文件，成立相关指导性机构，形成具有可行性的教育资源整合工作计划，有效地进行教育资源整合推广。例如，像李大钊烈士陵园、八宝山革命公墓、中国人民抗日战争纪念馆等，是进行爱国主义教育，特别是可持续发展教育中倡导的生命安全教育的资源；北京排水科普展览馆、怀柔污水处理厂、南海子麋鹿苑博物馆等是进行环境保护教育的有效资源，经北京市多家政府机构的统合，确立为北京市中小学生社会大课堂资源，为学校开展可持续发展教育搭建了平台。

二是自下而上式。这里是指某一或某些中小学校，首先进行可持续发展教育资源整合，并成功运用到教育教学过程中，不断改进、调整、整合思路，形成具有借鉴价值的教育资源整合经验；在此基础上，相关行政部门利用行政指挥与政策导向优势，逐步扩大推广范围，协同推进可持续发展教育资源整合，形成可持续发展教育的规模效应。例如，坐落在西瓜之乡的大兴区庞各庄中学，常年把"西瓜博物馆"作为学生了解地域西瓜文化的可持续发展教育资源；周口店中学、周口店中心小学把周口店北京人遗址博物馆作为传承中华文化的可持续发展教育资源；门头沟区的中小学把灵溪科技生态环保教育基地作为可持续发展教育资源。由于上述资源常年为学校使用，证明确实是有效的教育资源，为此在北京市教育部门的统筹协调下，成为北京市中小学生社会大课堂资源。

（二）合作共建共享管理模式

1. 合作共建共享管理模式的结构及特点

所谓合作共建共享管理模式，是指学校和资源拥有者等主体之间不改变自身的性质和功能，只是在可持续发展教育方面有效互补，共同进行资源的开发与整合，并利用各自优势建立共同的基地，平时共同管理、共享资源的一种模式。例如，北京市顺义区杨镇一中教育集团的校园湿地，是由首都师范大学协助设计且提供资源开发与技术指导，杨镇一中教育集团投资建设，资源利用与管理，成为两校共同的可持续发展教育基地，也是合作共建共享管理模式的典型（见图4-6）。

合作共建共享管理模式具有实用性、高效性和稳固性的特点。

实用性是指此模式本身是在有共同合作意向的前提下开展的，因此在建设

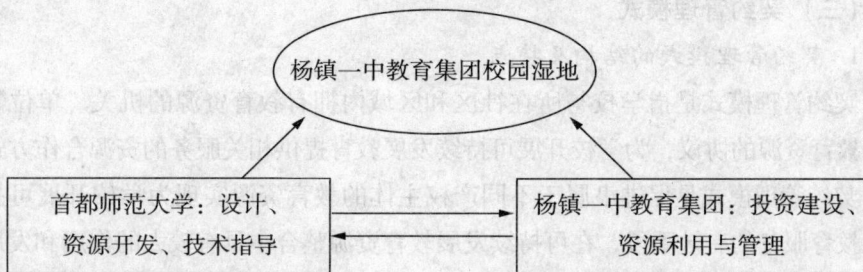

图4－6　首都师范大学与杨镇一中教育集团合作共建共享管理校园湿地模式

过程中会有的放矢，共同管理维护好资源，做到持续利用，有效防止教育资源的浪费。

高效性是指此模式本身就是针对可持续发展教育实际需要才进行的，在共建共管的过程中，彼此素质和能力都会有所提升，因此有利于可持续发展教育直接、高效地开展。

稳固性是指在双方因各自需要而共同建立起的联系，在此过程中会有诸多交流，因此关系很密切，随着合作管理的加深，这种关系会逐渐稳固下来，这有利于资源整合长期、协调地进行。

2. 合作共建共享管理模式的运行

由于可持续发展教育属于政府的教育工作职责，合作共建共享管理模式既是政府行为，也是学校行为；需求既来源于政府，也来源于学校自身。因此，这种管理模式适宜采取政府统筹和学校自愿相结合的方式。

当政府提出共建动议时，应充分征求学校的意见；当学校有意愿时，政府和教育主管部门应给予支持。合作共建共享管理模式势必牵涉许多部门，各级地方政府要克服部门间的局限性，积极参与规划领导、组织和协调工作，帮助学校理顺各种关系。只有实行上下联动的原则，才有可能获得成功。

合作共建共管共享从可持续发展教育事业长远的发展需要考虑，促进与校园距离相对较近或具有优势互补的资源单位进行合作共建，这样既有利于教育总体布局结构的合理调整，又可以统筹规划学校的综合布局。通过合作共建共管共享既可以改变学校可持续发展教育资源紧缺、开展活动形式单一的状况，又有效地利用了闲置的社会资源，双方都因资源整合而提高了教育资源的合理配置和使用效益。

（三）契约管理模式

1. 契约管理模式的结构及特点

契约管理模式是指学校与所在社区和区域内拥有教育资源的机关、单位签订开放教育资源的协议，为学校开展可持续发展教育提供相关服务的资源合作方式。

契约管理模式是促进隶属于不同产权主体的教育资源实现为学校开展可持续发展教育服务的有效手段，在可持续发展教育资源整合中具有较大的作用和发展空间。这种资源整合模式具有不求所有、但求所用的特点，既节约了学校使用资源的时间成本和资源成本，又可以保证能够及时顺利地使用资源，简便易行。

例如，为了开展世界遗产教育以及实现保护世界遗产的共同目标，苏州市园林和绿化管理局世界遗产管理办公室、苏州外国语学校在长期实践的基础上，双方通过签署协议确定了互惠互利开展世界遗产宣教活动的协议（见资料4-2）。

资料 4-2

苏州市园林和绿化管理局世界遗产管理办公室
与苏州外国语学校契约管理模式

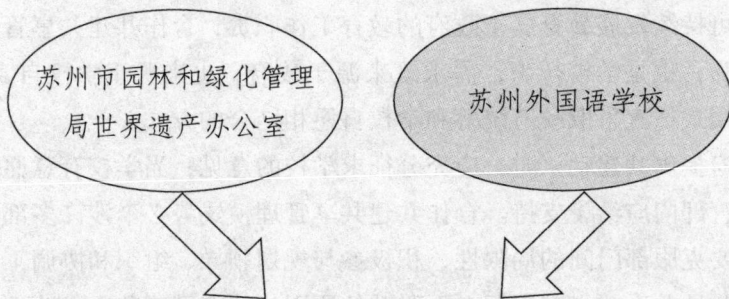

关于苏州市园林和绿化管理局世界遗产管理办公室、

苏州外国语学校合作开展世界遗产宣传教育协议

苏州市园林和绿化管理局世界遗产管理办公室：

1. 依据学校教育的需要选派专家到学校，履行向青少年进行世界遗产保护教育的义务。

2. 定期向苏州外国语学校免费开放苏州园林公园，并指定专人配合学校开展研、学活动。

……

苏州外国语学校：

1. 配合苏州市园林和绿化管理局世界遗产管理办公室年度宣教计划，定期组织学生参加世界遗产保护与宣传等社会公益活动。

2. 定期选派学生参与世界遗产苏州园林的讲解工作。

……

2. 契约管理模式的运行

契约管理模式的直接主体是学校和拥有资源的机关和单位，因此，其运作包括以下几种方式。

第一，行政主导。行政主导就是学校所在区域的地方政府下发教育资源整合指导文件，为资源整合进行政策引导和统筹指导，使区域内的可持续发展教育项目学校与图书馆、科技馆、电影院和文化馆等相关资源拥有机关和单位结成友好合作单位。这种方式既可以快速找到教育资源，反过来又可以促进资源整合的力度和影响力。例如，在房山区教育委员会主持下，房山区良乡第三小学与周口店北京人遗址博物馆签订了长期合作开放协议，在工作期间允许学校组织学生到遗址的部分地点参观、考察，对学生进行人类历史以及环境保护方面的可持续发展教育。

第二，学校自主。学校根据自身情况和开展可持续发展教育的实际需要，与所在区域的资源产权主体进行直接接触，详细洽谈相关合作事宜。这种形式具有稳妥性，既可以保证教育资源有效整合和利用，又可以保证资源能够充分地发挥功效。前文苏州外国语学校与苏州市园林和绿化管理局世界遗产管理办公室签署协议，开展世界遗产教育的方式就是学校自主模式。

第三，NGO 介入。相关非政府组织根据自身职能和发展需要，利用自身公民社会的优势，介入契约管理，一是可以适当分担政府的负担；二是可以将自身的理念传播到更为广大的空间、更多的人群中去；三是有利于学校更加全面、系统地整合社会资源。例如，北京环境保护基金会、可口可乐公司等单位开展"留住一桶水"社区水资源优化和使用项目，组织学生深入社区调查研究，了解水资源使用情况及存在问题，提出解决方案并加以实施，实现节约用水目标。为了确保学校项目的有效实施，学校得到"留住一桶水绿色基金"

的支持，项目学校与北京环境保护基金会、可口可乐公司签署了合作协议。在这种契约式的管理模式中，项目学校得到了专家指导、项目实施经费，北京环境保护基金会、可口可乐公司获得了具有创新性、实效性且可以推广使用的节水方案。

（四）共栖共存模式

1. 共栖共存模式的结构及特点

所谓共栖共存模式是指学校在可持续发展教育过程中，与所在社区和区域内拥有教育资源的单位双方为满足各自需要，在教育资源整合的内容上优势互补。

资料4-3

北京市节约用水管理中心与北京市中小学共栖共存模式

北京市节约用水管理中心是北京市属水利管理系统，节约用水宣传教育为该部门职能之一。节约用水教育是目前中小学环境保护、资源节约教育的重要内容之一。这种教育内部与教育外部共有的责任以及发展的需求，使北京市节约用水管理中心与北京市各中小学建立起"共栖共存"的关系。（见图4-7）

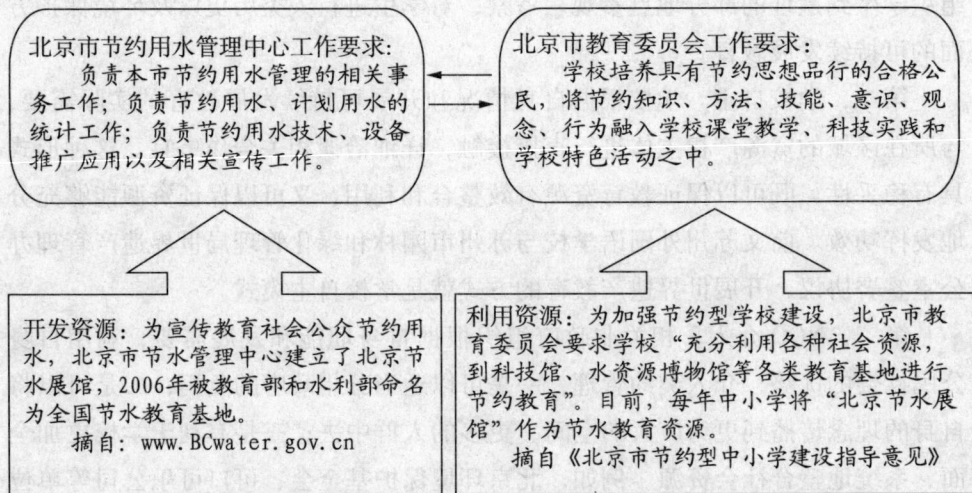

北京市节约用水管理中心工作要求：
　　负责本市节约用水管理的相关事务工作；负责节约用水、计划用水的统计工作；负责节约用水技术、设备推广应用以及相关宣传工作。

北京市教育委员会工作要求：
　　学校培养具有节约思想品行的合格公民，将节约知识、方法、技能、意识、观念、行为融入学校课堂教学、科技实践和学校特色活动之中。

开发资源：为宣传教育社会公众节约用水，北京市节水管理中心建立了北京节水展馆，2006年被教育部和水利部命名为全国节水教育基地。
　　摘自：www.BCwater.gov.cn

利用资源：为加强节约型学校建设，北京市教育委员会要求学校"充分利用各种社会资源，到科技馆、水资源博物馆等各类教育基地进行节约教育"。目前，每年中小学将"北京节水展馆"作为节水教育资源。
　　摘自《北京市节约型中小学建设指导意见》

图4-7　北京市节约用水管理中心与北京市中小学共栖共存模式

共栖共存模式要求在可持续发展教育资源整合的内容上，双方各取所需，共同开发、共同整合教育资源。该模式具有开放性、包容性与独立性特征。

开放性是指资源合作双方在资源方面是开放的，做到资源共同整合与共同分享；包容性是指资源整合合作双方需要互相照顾，互相体谅，能够接受在资源整合与利用方面存在的一些不适或对方资源本身存在的不足与不完善之处；独立性是指资源合作双方各有内在结构和职能，在资源整合与利用时既要做到在大体上相互协调，相互有些资源可供对方借鉴，但又没有对对方资源共享的依赖性，在具体操作上又要各行其道。

2. 共栖共存模式的运行

共栖共存模式的资源整合主体是学校与资源拥有单位，但在资源内容取舍方面的直接参与者则是学校教师和资源管理者。因此，此模式的运行主要有以下两种。

一是组织学生到资源拥有单位实地学习。这也是在可持续发展教育校外活动中最常用的一种方式。学校与资源合作单位提前做好沟通，然后组织学生到资源拥有单位进行实地参观、考察与学习，实施可持续发展教育体验式教学。这种方式解决了学校学科或专题教学活动中资源难以用图片、录像等形式呈现的难题，也弥补了学生学习中缺少实际体验等缺陷。

二是将资源技术人员请到资源利用学校。教师提前根据可持续发展教育资源整合的目标要求和资源单位的资源情况进行可持续发展教育专题设计，然后与资源技术人员相互配合，共同进行可持续发展教育教学，期间资源管理专门人员通过资源展示与专业讲解，以期达到理想的教育效果。

但资源管理专门人员对资源服务于学校教育教学目标不一定十分了解，这就需要双方充分沟通与研究，共同分析研究资源的利用方式，使整合后的教育资源能够最大限度地发挥作用。双方的合作需要不断地沟通与磨合，合作的过程中学校能够发现一些资源存在的不足，通过反馈方式让资源拥有单位进一步完善自己的资源质量，资源拥有单位也需要充分介绍资源的价值以利于与校方的合作。同时通过学校的使用也宣传和推广了资源管理部门的资源，扩大了资源拥有单位的资源影响力和社会效应。

（五）互利共生模式

1. 互利共生模式的结构及特点

互利共生模式是指可持续发展教育项目学校与资源拥有单位之间在资源整

合过程中，逐步形成你中有我、我中有你，不仅互利互惠，而且具有一种相互依存式的有机组合的资源关系链条。例如，在国家"资源节约型—环境友好型"发展战略的指引下，无论是企业还是学校，将能源的开发与利用作为研究的主题。以下为企业与教育部门互利共生，合作开发《新能源与可再生能源》的实例。

表 4-1　企业与教育部门互利共生开发《新能源与可再生能源》模式

目标	《新能源与可再生能源》软件与读本开发以及向社会公众宣传	
单位	××公司	××教育部门/学校
任务	"新能源与可再生能源"软件开发	"新能源与可再生能源"读本开发
对象	社会公众	中小学生
目的	1. 开发软件，市场销售，扩大公司经济效益 2. 向社会公众宣传"新能源与可再生能源"相关知识以及利用技能	1. 编写读本，为中小学不同学校的三级课程以及研究学习提供信息资料 2. 指导学生掌握"新能源与可再生能源"相关知识以及利用技能，培养节约能源的可持续发展价值观
方法与步骤	1. 组建软件开发的专业技术队伍 2. 提供"新能源与可再生能源"资源与资金，对读本开发人员进行相关知识培训 3. 与教育部门合作开发软件 4. 市场推广软件与读本 5. 与教育部门合作评估软件的社会、经济效益	1. 组建读本开发的专业技术队伍 2. 提供读本编写纲目以及骨干教师，对软件开发人员进行教育方式与方法等相关内容的培训 3. 与公司合作开发读本 4. 区域教育系统范围推广使用读本 5. 与公司合作评估读本的社会、经济效益

（北京教科院 ESD 研究中心提供）

互利共生模式虽然在主观上是从自身效益出发，但是在客观上增进了双方的效益，对于资源合作双方是互利互惠、合作互补的，彼此之间相互配合，通过资源共享，从利益效益角度达到共同提高，实现合作共赢的局面。因此，此模式具有互惠性、有序性、持续性、互赖性等特点。互惠性是指资源整合对学校来说，可以通过教育资源整合促进教学质量的提升和可持续发展教育的大力推进；对于资源拥有单位来说，可以有效运作资源，维护资源本身的持续价值并实现增值效应，双方是互利的。有序性是指主体双方必须遵循开发、整合与利用的循序渐进的规则与秩序，不能盲目进行整合，以免造成资源的浪费与过度使用。持续性是指资源整合双方的经济效益、环境效益和社会效益不是一时的，而是长久的、持续的。互赖性是指资源提供与使用双方通过长期磨合形成了各自的优势特点和品牌，相互利益关系不能脱离对方的存在（如学校由于知名度较大，资源拥有单位不能离开学校的品牌辐射影响力，而资源拥有单位由于资源本身的质量品牌让学校也无法割舍或放弃使用），彼此之间达成了一种互相认同的、相互依赖对方的长期合作意愿。

2. 互利共生模式的运行

互利共生模式的运行方式包括学校主动或资源拥有者主动寻找资源整合合作伙伴两种合作方式。

一是项目学校主动式。为了推进可持续发展教育，农村中小学就需要在所在区域内调动所有有利于促进可持续发展教育的因素，进行资源整合。学校作为可持续发展教育的直接主体，也是资源整合的主导者。学校可以依据《北京市中小学可持续发展教育指导纲要》和《可持续发展教育实施指南》丛书为指导，"按图索骥"，系统性地进行教育资源整合。

二是资源拥有者主动式。资源拥有单位对自身资源具有较为深刻的了解，因此，可根据自身资源拥有与利用状况，利用现代媒体主动向可持续发展教育项目学校发出合作邀请，进行双向对口资源整合与利用。这样不仅有利于自身资源整合质量的整体性提升、经济效益的进一步扩大，也为学校可持续发展教育有效开展等提供了优质服务、资源支持和保障机制，使学校的教育教学效益不断提升，同时自身的社会效益和影响也持续扩大。

以上只是可持续发展教育资源整合的较有代表性的模式，可持续发展教育资源整合是一项长期性、系统性工程。项目学校可依据自身人力、财力与物力资源情况，参考可持续发展教育相关要求和以上模式对资源进行整合。各学校在利用整合过的教育资源、进行可持续发展教育教学时，需对教育资源做进一步的细化，形成独具区域与学校特色的教学模式，做到因地制宜、因材施教。最后，相关教育行政部门与教育机构需对教育资源整合进行全方位跟踪服务，及时进行专业性指导与培训，并对教育教学经验进行归纳与总结，以提供更加完善的政策支持与形成可持续发展教育整体推进之势，让可持续发展理念更加深入人心，影响更为深远。

参考文献

［1］北京市教育委员会. 2007. 北京市中小学实施可持续发展教育指导纲要［M］// 罗洁，钱丽霞，等. 2008. 在我们的学校引入可持续发展教育. 北京：教育科学出版社.

［2］李剑阁. 2009. 中国新农村建设调查［M］. 上海：上海远东出版社：372.

［3］联合国教科文组织. 2005. 联合国教育促进可持续发展十年（2005—2014）国际实施计划［M］//钱丽霞. 教育促进可持续发展教育——国际研究与实践的趋势. 北京：教育科学出版社：6.

［4］钱丽霞，李政. 2008. 可持续发展教育区域推进的政策与策略分析［J］. 教育科学研究（5）：22.

［5］张铁道. 2009. 在学科教学中实施可持续发展教育（小学版）［M］. 北京：教育科学出版社：8.

［6］中华人民共和国教育部. 2001. 基础教育课程改革纲要（试行）［N］. 中国教育报，2001 - 07 - 27（2）.

下　篇

第五章 整合农村社会领域可持续发展教育资源实例

实施可持续发展教育，需要引导学生随时关注社会，关注社会热点，关注与人类发展紧密结合的可持续发展教育问题。

社会领域的可持续发展教育主要包括和谐社会教育问题（如民族问题、宗教问题、人权问题、贫富差距问题、就业问题与社会公平问题等），生命与安全教育问题（如生命价值观教育与生命伦理教育问题，艾滋病预防问题，远离毒品问题，国家粮食安全，能源安全，食品卫生与安全问题，安全生产问题等），公民的权利与责任教育问题（如爱国主义教育问题、社会伦理与社会公德问题）等方面（图5-1）。

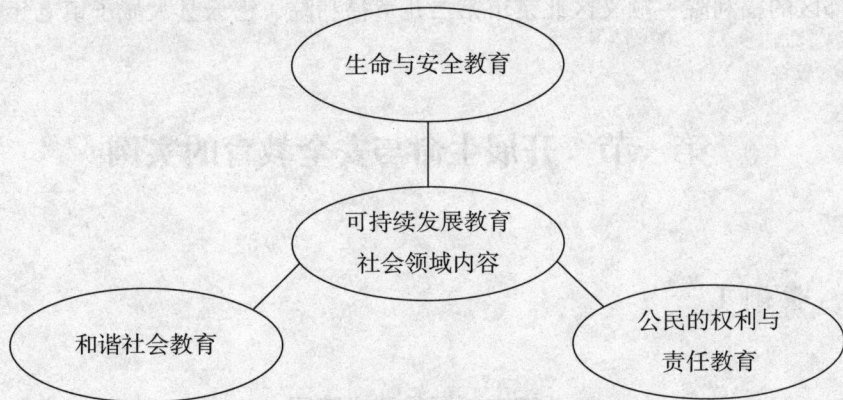

图5-1 可持续发展教育社会领域内容

开发与利用农村社会领域可持续发展教育资源，有助于丰富生命与安全教育、公民权利与责任教育以及和谐社会教育的内容，提升教育的实效性；同时，通过利用周边的社会资源进行教育，使学生不仅懂得尊重自身的生命，把握公民的权利，还能够与他人和谐相处，懂得维护世界和平与安全的重要性。开发与利用农村社会领域可持续发展教育资源对学生进行教育，有助于农村学生形成正确的世界观、人生观与价值观以及正确地面对新形势下社会问题，适应农村社会发展和城市化进程中的各种社会变革，对促进农村社会的和谐与可持续发展有重要现实意义和深远历史意义。

从可持续发展教育资源调查研究发现，北京市农村地区分布着大量的社会领域可持续发展教育资源。其中，反映爱国主义与生命价值观教育的资源有分布于学校周边的各种烈士陵园或烈士墓；反映安全教育的资源有地处学校周边或设在校园内的安全教育基地；反映民族文化习惯、民族融合与和谐社会教育的资源有学校附近的清真寺、福利院和学校里的新疆班等。

参与本研究的学校依据地域特点，开发出了系列农村社会领域可持续发展教育资源，并与学校现有课程资源有机整合。本章主要介绍开发生命安全教育、和谐社会教育两方面资源进行教育的实例。其中，生命教育资源涉及北京郊区的烈士陵园或烈士墓，如通州区马驹桥革命烈士陵园、平谷区官庄烈士陵园、门头沟区天桥浮烈士陵园、密云县四十八烈士墓；农村安全教育资源，如北京市通州区永顺镇中心小学校内的"安全实践园"；农村和谐社会教育资源主要分布在北京地区的清真寺，如顺义区回民营村清真寺、通州区马驹桥清真寺、昌平区阳坊镇西贯市清真寺；还有如顺义区杨镇一中教育集团的新疆班、北京郊区的福利院、顺义区北京市第二儿童福利院、密云县大城子镇老年福利院等。

第一节　开展生命与安全教育的实例

案例 1

北京市郊区的烈士陵园

【资源提供单位】北京市通州区马驹桥学校、北京市平谷区第二中学、北京市门头沟区西辛房中学、北京市密云县大城子中心小学

【资　源　类　型】区域社会领域可持续发展教育资源

【资源整合模式】统筹合作型管理模式及共栖共存利用模式

资源名称： 马驹桥革命烈士陵园
地理位置： 北京市通州区马驹桥镇北门
　　　　　　口村
资源类型： 马驹桥镇爱国主义教育基地
修建时间： 1998 年 12 月 14 日，2008 年
　　　　　　10 月重修
提供单位： 北京市通州区马驹桥学校

资源名称： 官庄烈士陵园
地理位置： 北京市平谷区峪口镇官庄
资源类型： 平谷区爱国主义教育基地
修建时间： 2008 年 10 月（重修）
提供单位： 北京市平谷区第二中学

资源名称： 四十八烈士墓
地理位置： 北京市密云县大城子镇苍术
　　　　　　会大队北草茨村
资源类型： 密云县爱国主义和革命传统
　　　　　　教育基地
修建时间： 2008 年 10 月（重修）
提供单位： 北京市密云县大城子中心小学

资源名称： 天桥浮烈士陵园
地理位置： 北京市门头沟圈门里天桥浮村
资源类型： 门头沟区爱国主义和革命传
　　　　　　统教育基地
修建时间： 2008 年 10 月（重修）
提供单位： 北京市门头沟区西辛房中学

【资源价值分析】

1. 烈士陵园是对学生进行革命传统教育与爱国主义教育的基地

北京市农村地区的革命烈士陵园，是为了缅怀在战争中牺牲的革命烈士修建的。作为革命传统教育基地，中小学生经常在这里举行纪念活动，在碑前敬献花环、鲜花或在此举行入团、入队仪式。学校通过组织全体学生祭扫烈士墓，缅怀革命先烈，对学生进行人生观、价值观教育，学生通过了解革命英雄的坚定信念和坚强意志，培养爱国主义情感，增强社会责任感和报效国家的使命感。

2. 烈士陵园承载着生命教育的价值

因为没有生活的体验和经历，现代学生对战争、历史，对艰苦奋斗的精神、民族传统精神、爱国情感的体验越来越淡薄，而烈士陵园这一校外资源刚好填补了部分空白。通过缅怀革命先烈的遗志、寻找烈士的足迹、"接过手中的枪"、"队旗的一角"等教育活动，使学生初步认识生命的意义与价值；了解国家的历史与发展，让学生认识到我们今天的幸福生活来之不易，从而更加珍惜现在的美好生活，同时也渗透维护世界和平、共建和谐世界的思想与价值观。

【资源开发、利用与整合策略】

1. 课程整合

北京市通州区马驹桥学校历史老师通过讲《伟大的战略决战——平津战役》一课，通过课堂延伸使学生结合校本教材《京南明珠马驹桥》的有关内容——马驹桥的解放，以祭扫烈士墓为契机，为学生讲解马驹桥的历史，在引导学生了解家乡历史的同时，让学生了解平津战役的胜利，使学生知道此战役胜利的条件，自然地渗透可持续发展教育的生命价值观教育和人类和平与安全教育。

同时，利用《京南明珠马驹桥》的校本课程，历史教师和语文教师与初三学生配合，共同完成《我用笔来赞英雄》这一课，通过仿写诗的形式，在品—悟—写的学习过程中，培养学生主体探究能力及资源共享意识，引导学生树立正确的人生观、价值观，培养学生强烈的民族责任感和强烈的爱国热情。

2. 与教育活动的整合

利用一年一度的清明节组织学生参观烈士陵园和祭扫烈士墓等活动，引导学生了解革命烈士的英雄事迹，了解国家历史，学习英雄们为革命不怕牺牲、勇于献身的精神，同时增强他们的社会责任感，成功地对学生进行社会责任感和振兴国家使命感教育。

【资源利用成效】

通过清明节扫墓活动，让学生重温了历史，了解那段发生在我们身边这块热土上的可歌可泣的英雄事迹，更加懂得了今天的和平生活来之不易，同时又拓展了可持续发展教育的空间和渠道，让学生在活动和情境体验中接受教育，比单纯说教效果要好得多。

通过参观烈士陵园和祭扫烈士墓的活动及其他各方面的资源整合，挖掘整理出了独特的学校周边可利用教育资源，并通过校本课程对学生进行相关知识的传授，对学生进行知家乡、爱家乡的教育，引导学生树立正确的人生观和价值观。

教师感言：

　　教育工作是一项常做常新永无止境的工作。作为可持续发展教育课题组的成员，必须以高度的敏感性和自觉性，尊重、理解、信任学生，及时发现、研究和解决工作中的新情况、新问题，掌握其特点、发现其规律，尽职尽责地做好每一件工作，最终促成学生和教师双方的可持续发展。我在教学中力求从清明节扫烈士墓入手，引导学生追忆马驹桥的解放史，增强了学生的和平意识；使学生了解此战役胜利的条件；启发学生集体探究、讨论、分析问题；旨在使学生初步认识可持续发展教育社会、文化两个领域中生命的意义与价值，对传统文化遗产的态度，以及对国家的历史与发展加深记忆，同时增强他们的社会责任感。课后，学生对解放战争时期家乡马驹桥和那段历史有了更深的了解。

北京市通州区马驹桥学校历史教师　高玉泉

学生感言：

　　我作为一名团员参加了这次的清明节扫墓活动，感触很多。当我听到烈士们视死如归、英勇善战的事迹时，仿佛看到他们不畏牺牲、在战场上奋勇杀敌的场面，这时，我心潮澎湃，激动的泪水浸湿了我的眼眶。我深深地敬佩这些大无畏的烈士们。再想想我们今天生活的这个和平安宁的时代，真是来之不易呀，它是烈士们用鲜血换来的，我们有什么理由不好好珍惜呢？在和平年代，我们所能做的是时刻铭记革命先烈的事迹，继承先烈的遗志，好好学习，增强本领，长大后报效我们伟大的祖国。

北京市门头沟区西辛房中学初二学生　孙秀杨

（北京市通州区马驹桥学校、平谷区第二中学、门头沟区西辛房中学、密云县大城子中心小学提供资料，郑尚、王鹏编写）

案例2

永顺镇中心小学"安全实践园"

【资源提供单位】北京市通州区永顺镇中心小学

【资　源　类　型】学校社会领域可持续发展教育资源

【资源整合模式】统筹合作型管理模式

通州区永顺镇中心小学交通安全教育

资源名称：安全实践园
地理位置：北京市通州区永顺镇中心小学校内
管辖单位：北京市通州区永顺镇中心小学
提供单位：北京市通州区永顺镇中心小学

随着经济的发展和社会的进步，随着教育改革的不断深入，中小学生的活动范围越来越大，接触的事物也越来越多，他们自身的安全问题日益引起人们的重视。中小学安全教育成为社会、学校、家庭共同关注的问题。加强安全教育，树立安全意识，培养学生在紧急情况下的自救能力和处理问题能力，不仅是学校安全工作的需要，也是全面提高学生综合素质的基本要求。学生学习掌握自护本领是安全成长的前提条件，值得我们在教学中着力培养。

【资源价值分析】

在农村，很多成年人过铁路路口的行为是错误的，而儿童善于观察和模仿，受成人不良行为影响大，会形成错误的穿越铁路路口的观念和行为习惯。北京市通州区永顺镇中心小学地处通州区的城乡接合部，西南邻近朝阳区，北面是京承铁路和京通快速路，是通州区重要的交通枢纽。同时学校地处新兴的社区之中。学校东侧有一座大型的农村集贸市场，每天在学生上下学时间过往车辆繁多，安全隐患较多。为让学生树立安全意识，学习安全知识与技能，学校在校内建立"安全实践园"。

【资源开发、利用与整合策略】

北京市通州区永顺镇中心小学在校园建立"安全实践园"，通过模拟行人、警察、司机等不同角色，让学生了解交通规则、交通标志，培养学生现代安全意识、态度和行为，保证青少年健康和谐发展的长远需要。例如，教学中模拟通过铁路路口情境，通过模拟活动，学会正确通过铁路路口的方法，掌握判断能否安全通过铁路路口的技能。教师指导学生在课堂上具体分析讨论后提出应对的策略，并进行模拟实践活动，具体策略包括以下几方面。

1. 制定教育目标

在中小学开展道路交通安全教育，旨在引导学生珍惜生命，学习基本的安全保健知识和相应的自护、自救方法，学会保护生命；养成有利于安全的行为习惯；通过感知生命的重要，树立安全意识；并针对低、中、高不同年级制定有关中小学安全教育的目标，明确告诉学生遵守安全规则的意义，知道用怎样的方式来保证自己和他人安全。

例如，结合过铁路路口这一问题，让学生知道什么是铁路路口、有人看管路口和无人看管路口及其特点；知道铁路路口信号灯的意义及作用，学习正确穿越铁路路口的方法；培养学生过铁路路口的安全意识，养成良好的穿越铁路路口的行为习惯。

2. 明确教育途径与方法

加强体验教学：通过实地考察，借助"安全实践园"及相关实际场景图片，让学生在具体的场景中，通过实践操作理解生命的可贵，有效提高学生的自我保护能力。同时设计情景模拟演示，通过观看、猜想、演练，使学生经过一系列的体验，有效提高自身的自我保护能力，学习自救的方法。

利用《小学生道路交通安全教育读本》，系统地开展道路交通安全教育：《小学生道路交通安全教育读本》（以下简称《安全教育读本》）是小学生直接获取安全知识的途径之一。《安全教育读本》中专设"过火车路口"课程。教师以实际发生过的事故灾害作为例子，针对中小学生的年龄特点、行为特点和认知规律，通过引导学生认识铁路标志、铁路路口及铁路路口标志，学习通过有人看守铁路路口的方法；通过在教室或者操场模拟通过有人看守火车路口的情境等途径，开展学生喜闻乐见的安全主题教育，使安全教育与学生道德教育、心理健康教育和法制教育有机结合，不断增强学生的安全防范意识和自我保护能力。此外，教师还指导学生开展"怎样降低上下学路上交通事故"的课题研究，在教师的指导下学生制定活动步骤，进行活动分析，把自己的实践经验进行归纳整理编辑成册，形成安全规范，再以此规范对学生进行安全教育。他们在执行过程中也达到了高度的自觉，从而养成了良好的安全习惯，为孩子们的平安成长打下了坚实的基础，达到了自我教育、自我发展的教育目的。

【资源利用成效】

学校的主题活动侧重于学生的亲身实践与体验，引导学生在实践中发现安全隐患，提出解决办法，并利用"安全实践园"进行模拟教学，有效提高学生的参与兴趣，并在亲身体验中获得安全知识与技能，比单纯用语言指导效果要明显。让学生能够自觉以交通规则规范自己的行为，学生的安全意识和正确的行为习惯在潜移默化中慢慢形成，从要我安全转化为我要安全，达到了自我教育的目的，使他们终生受益。

教师感言：

通过亲身实践与体验，利用"安全实践园"进行模拟教学，引导学生在实践中发现安全隐患，并提出解决办法，再在实践中加以改进，这样就使安全教育走上了一个良性循环的轨道：发现问题—解决问题—修正自己—再发现问题，是一种有效的对学生进行道路安全教育的模式，确实使学生加深了对交通安全的认识，认识到了安全的交通行为对成长的重要作用，并促使学生把安全知识转化为安全行为，达到安全成长的目的。

——北京市通州区永顺镇中心小学教师　江卫园

（北京市通州区永顺镇中心小学提供资料，徐新容、王鹏编写）

第二节　开展和谐社会教育的实例

案例 3

北京郊区的清真寺

【资源提供单位】通州区马驹桥学校、昌平区阳坊中学、顺义区第十中学

【资 源 类 型】区域社会领域、文化领域可持续发展教育资源

【资源整合模式】共栖共存模式

资源名称：北京市马驹桥清真寺
地理位置：北京市通州区马驹桥镇北门
　　　　　口村
资源类型：通州区文物保护单位
修建时间：明代
提供单位：通州区马驹桥学校

资源名称：昌平区阳坊镇西贯市清真寺
地理位置：昌平区阳坊镇西贯市村
资源类型：昌平区文物保护单位
修建时间：明弘治七年（1494 年）
提供单位：昌平区阳坊中学

资源名称：顺义区回民营村清真寺

地理位置：顺义区西南后沙峪镇青蓝小
　　　　　镇内

资源类型：顺义区民族传统文化文物保
　　　　　护单位

修建时间：元代，营区历史则可追溯到
　　　　　元代以前

提供单位：顺义区第十中学

【资源价值分析】

1. 清真寺是穆斯林日常生活与宗教活动的重要场所，传播了伊斯兰教文化

在我国，清真寺主要是信仰伊斯兰教的少数民族举行宗教仪式的重要场所。清真寺的主要作用在于聚集居住在其周围的穆斯林群众举行正常的宗教活动，并由此将不同地区的穆斯林群众统一在伊斯兰教文化的生活方式中，形成稳定持续的民族共同体。此外，清真寺还为穆斯林群众提供日常生活服务。穆斯林的婚葬仪式、各类节日聚会及各种民族宗教习俗活动也离不开清真寺。

清真寺通过与外部社会的相互影响，使其周围的穆斯林结成紧密的文化共同体。同时，清真寺通过对穆斯林群众的日常服务，使信仰世界与世俗世界紧密相连，从而使穆斯林群众扎根于现实的社会之中，进而有利地促进了伊斯兰教文化的传播。因此，清真寺是穆斯林群众的日常活动的中心，在穆斯林心目中具有崇高、神圣的地位，它本身也是伊斯兰教文化的一部分。

2. 有助于学生了解多元文化，懂得理解与尊重不同的宗教信仰，促进民族团结与社会和谐

开发与利用北京郊区的一系列清真寺资源，组织师生参观，请阿訇讲解相关知识，使学生了解伊斯兰教的基本常识，穆斯林的生活方式、传统习惯，了解伊斯兰宗教文化，丰富学生的民族文化知识，使其真切感受和理解文化多元性的重要意义，进而能够理解和尊重不同信仰的人们，尊重各民族的宗教信仰，增进各民族团结，为构建和谐社会服务。

【资源开发、利用与整合策略】

1. 制定教育目标

通过让学生了解回民营村清真寺的历史年代，宗教仪式和回族的饮食、语

言、服饰等民族文化特色，增进学生对中国民族文化的了解和热爱，传承优秀的民族文化；让学生尊重各民族文化和生活习惯，加强民族团结；培养学生用客观的眼光来分析历史与现实问题的能力，明确民族大团结是一个多民族国家繁荣发展的根本保证；通过参观清真寺、对阿訇进行访谈，了解伊斯兰宗教文化中万物平等的思想内涵，体会平等和谐是民族发展的生命力，也是国家繁荣富强的根本保证。

2. 确定教育途径与方法

参观与调研：通过参观、访谈、问卷调查、交流讨论等各种自主探究的学习方式，使学生了解少数民族特有的民族文化和生活习惯，分析民族团结、和平共处的重要意义。

课程整合：北京市通州区马驹桥学校同时借鉴历史、语文、思想品德三个学科的教学资源，进行学科整合，结合八年级历史第三册第八课《世界三大宗教》、七年级历史第一册第三十课《明朝和清朝前期的对外关系》中的《郑和下西洋》、七年级语文读本第十四册中的《阿里巴巴和四十大盗》、八年级思想品德第三册第十二课《民族情深》等教学内容，结合参观本地清真寺，使学生感悟其中体现的和谐话题。北京市顺义区第十中学结合国家课程中的历史课和学生综合实践活动课程开展教学，让学生通过实地参观走访，亲身体会回族的宗教信仰和生活方式，感悟其民族文化，拓展视野，开阔思路，积累社会文化和民族文化知识，从而懂得尊重不同文化、不同民族的传统文化和宗教信仰，保持民族文化的多元性，让各民族文化在了解和尊重的基础上能够共同繁荣，共同发展。

【资源利用成效】

北京市通州区马驹桥学校通过对马驹桥清真寺这一教育资源的开发、利用与整合，结合马驹桥镇清真寺的历史，将伊斯兰教相关的基本常识搜集整理成教材，挖掘整理了具有马驹桥本土特色的少数民族文化，并形成校本课程，使师生理解接纳少数民族的传统习俗、生活方式、宗教信仰，从而促进了师生团结、社区团结，成为建设和谐社会的典型范例。

教师感言：

通过讲解，学生对伊斯兰、穆斯林、服饰、清真寺等伊斯兰教基本常识有了进一步的理解，同时，增进了民族间了解，使学生更加尊重民族文化，培养了学生的尊重意识，从而引发学生对民族大团结和本课中体现的"和谐"话题的理解。实践证明，ESD 理念在学科教学中是有生命力的，可持续发展教育是深受学生欢迎的。

北京市通州区马驹桥学校教师　高玉泉

学生感言：

2008 年 12 月 8 日，高老师讲了《走近穆斯林》一课，通过高老师的讲解，我们对回族、清真寺有了初步了解。通过感受穆斯林的生活方式、传统习惯，感悟到我们的先人们的智慧和伟大的创造力；学会了理解、尊重不同民族、不同信仰的公民，尊重各民族的宗教信仰，增进了班级、学校、各民族学生的团结。课后，我们的学习热情高涨，班里的一些同学课后说：像这样的课，多上几节多好啊！

北京市通州区马驹桥学校初二学生　于　天

北京市昌平区阳坊中学挖掘整理了独特的地方文化——西贯市村清真寺文化，并形成校本课程，使独特的地方文化得以传承并发扬光大，使学校形成了自己的特色。

教师感言：

从清真寺回来后，我这样与学生们聊天："我们班的同学有汉族、回族、满族、壮族和蒙古族，大家觉得我们的班级和谐吗？团结吗？"学生回答很肯定。我顺势说："为什么？"学生们在下面马上进入了热烈讨论。我点拨道："那是因为尊重。"因为我们尊重彼此，尊重文化的多元性，所以，我们很和谐，也许有些思想观念、生活习俗，你并不接受，但是，我们可以去尊重它，自己不去做，并不代表否定，因为，文化就是多元的。多元的文化就各具特色。今天我们的清真寺之行，就足以叫我们深刻认识穆斯林文化和它的来由了吧。学生们点着头静静地听着，思考着。我看得出他们认同我的说法，并正在快速地思索发生与应该发生的一切。看着学生们的表情，我内心也在反思，今天聊天对学生的影响应该是深刻的，因为我说的能与他们想的产生共鸣。他们能够接受我的看法。通过参与此次活动，学生们了解了人与人之间、民族与民族之间为什么要尊重、如何尊重。我呢，也因此学会了如何抓住可持续发展教育的契机，找到了可持续发展教育的感觉。

北京市昌平区阳坊中学语文教师　韩永丽

参加此次专题活动，我发现了身边的可持续发展教育的资源——地域文化，并在挖掘整理的过程中生发出新的可利用文化资源。同时，我也惊醒，民族文化就在我们的身边，只是因为这些东西我们太过熟悉，而不去注意它们，没有把这些宝贵的东西当做文化去看待。这让我产生了深层次挖掘民族文化的想法，也让我对事物的发生与转变过程有了新领悟，认识到地域文化与可持续发展教育的关系，同时强化了自己运用地域文化资源进行可持续发展教育的思想意识。

北京市昌平区阳坊中学年级组长　闫彩兰

学生感言：

参加"走进西贯市清真寺"的活动，让我懂得：在生活中不仅人与人之间应相互尊重，互相爱护，民族之间也一样。走进清真寺，我才真切地感受到穆斯林的文化和他们对历史的贡献。西贯市村穆斯林民众在八国联军入侵中国的时候，打破了民族的界限，救了慈禧太后和光绪皇帝，让他们成功地躲过了劫难，这让我看到了穆斯林民众的宽阔胸怀。我想，要让我们拥有56个民族的国家更加繁荣昌盛，我们就必须团结，必须尊重各个民族的文化，包容尊重各民族文化的多样性与差异性。

北京市昌平区阳坊中学初二学生　门雅男

学生家长感言：

　　我的女儿从清真寺回来后，就一直兴奋地跟我滔滔不绝地讲述着清真寺与穆斯林的故事，使我这个住在清真寺隔壁几十年的人开始关注清真寺，关注穆斯林文化。原来这个与我们祖祖辈辈和睦相处、勤劳勇敢、崇文尚武的民族，除了我了解的饮食习惯、善于经商以外，还有我不了解的对我们国家的民族发展、和平外交有着这样惊人的贡献。看来，我得重新认识西贯市村的人和事了。我得学一学他们的文化，了解他们的习俗，尊重他们和他们的习俗，学习他们的勤劳勇敢与智慧，团结他们，共同为建设家乡出力。

北京市昌平区阳坊中学初二年级学生李仕鑫的家长　李建东

　　北京市顺义区第十中学教师在指导学生开展综合实践活动中注重发挥地区资源优势。首先，教师针对学校所在社区有回民营村清真寺这一重要的校外资源，进行教育资源的开发和利用。其次，由于回民营村清真寺离学校比较近，方便教师根据活动内容的需要，带领学生前去参观，使学生获得丰富的感性认识，加深对活动背景的理解，很快进入问题情境当中。最后，在整个活动中，教师随时结合社区和学校优势，引导学生设计和开展实践，学生通过访问居委会，调查自己的同学，获得了比较丰富和充实的第一手资料，加深了学生在活动中的感受和体验。

　　此外，教师结合自身在信息技术方面的特长，指导学生充分使用信息技术，通过多种途径记录搜集资料、整理分析资料，并且用各种方式呈现学习成果。例如，指导学生在外出参观访问时拍摄照片和录像对活动进行记录，使用Excel软件统计调查结果等。这些活动不仅提高了学生参与活动的热情和兴趣，也有效地促进了学生对相关信息和多媒体技术的应用，提高了学生的信息素养，实现了信息技术与研究性学习的整合。

学生感言：

通过这次参观活动，我感到，每个民族都有自己独特的民族文化和生活习惯，我对这次参观的所见感到很新鲜，我们应该多去了解，对身边的少数民族同学要多尊重。

北京市顺义区第十中学初二学生　刘　振

少数民族文化是我国光辉灿烂文化的一部分，所以了解少数民族的文化我觉得很有意义。我今天第一次走进清真寺，第一次见到了阿訇，也了解了很多回民的生活习惯，我要把今天知道的告诉给身边的人。

北京市顺义区第十中学初二学生　刘　瑶

（北京市通州区马驹桥学校、昌平区阳坊中学、顺义区第十中学提供资料，郑尚、王鹏编写）

案例 4

北京市顺义区杨镇一中教育集团的新疆班

【资源提供单位】顺义区杨镇第二中学

【资 源 类 型】校内可持续发展教育资源

【资源整合模式】统筹合作管理模式

资源名称：杨镇一中教育集团新疆班
地理位置：北京市顺义区杨镇第二中学校内
管辖单位：顺义区杨镇一中教育集团
成立时间：2005 年
提供单位：顺义区杨镇第二中学
资源特点：考虑到学生们的生活习惯、饮食习惯，学校专门为新疆班的学生们建造了
　　　　　食堂和宿舍。2007 年还专门为新疆班学生建设了新疆班教学区，该学区位
　　　　　于学校西南侧，建有一座功能齐全的综合楼，集教学楼、办公楼、图书
　　　　　馆、实验楼、报告厅于一身，可容纳 800 名学生同时学习、开会。新疆籍
　　　　　学生公寓楼及主要为新疆学生提供各种新疆风味饮食的清真餐厅等设施
　　　　　配置，体现了政府及教育集团对少数民族文化习惯的尊重。

【资源价值分析】

　　新疆班里蕴涵了丰富的维吾尔族特色民族文化。学生参观新疆班教学区、
公寓楼、清真餐厅，与新疆学生交流学习，有利于学生增进对维吾尔族这个少
数民族的了解，亲身感受和体验维吾尔族特色民族文化习俗，丰富师生的民族
文化知识，感悟少数民族的智慧和创造力；同时可以增进民族间的相互了解与
理解，认识到尊重不同民族文化及传统习惯是维护国家民族团结及世界和平的
基本前提，进而促进民族的团结与社会和谐。

【资源开发、利用与整合策略】

1. 制定教育目标

学生从了解新疆班维吾尔族学生的生活方式、传统习惯、宗教信仰入手，体会他们的民族习惯，感悟民族团结的重要性，树立与少数民族同学友好交往的理念。

2. 明确教育途径与方法

课程整合：将新疆班作为教学资源，在思想品德、语文、音乐、历史等学科渗透利用，有机进行学科整合，加强维护民族团结的意识，渗透社会和谐的理念。例如，在思想品德学科中通过展示学校新疆班学生代表自己民族文化的实例，如传统节日、歌曲、民间传说、历史故事、服饰、建筑及饮食习俗等相关图片、视频，进行交流，从而引出对本课主题"民族情深"的讲解。结合学生日常对新疆班学生各个方面的接触，使学生增进民族间了解，体验和感悟本课中体现的"尊重、和谐"话题。

【资源利用成效】

通过可持续发展教育资源课程化，教师的角色发生了转变，教师已不单纯是一个知识的传授者，而是使学生成为21世纪具有可持续发展理念和行为的新一代接班人的引导者、解惑者和共同学习与实践的伙伴。同时也成了课程资源的开发者、利用者，提高了教师对教育教学资源的认识和观念。

通过可持续发展教育资源课程化，给学生提供了更多的空间，学生开阔了眼界，增长了知识，用自己的行动亲身实践体验了民族间的融合与了解。在日常生活中，处处做到尊重少数民族，提高学生的民族认同感，以知导行，让学生能在日常生活中，把维护民族团结、增进民族感情落实到每一个人的具体行动上。同时，使学生形成了可持续发展的情感、态度和价值观，为国家实现可持续发展奠定了基础。

教师感言：

通过与新疆班的交流，及对相关常识的讲解，学生在了解关于民族情深的基本常识的同时，增进民族间深度了解和理解，更加尊重民族文化，培养了相互尊重意识，从而增进了学生对民族大团结和本课中体现的"尊重、和谐"话题的理解。

北京市顺义区杨镇第二中学政治教师　王沛慧

学生感言：

通过《民族情深》一课的学习，我们对民族问题有了初步了解。学会了理解、尊重不同民族、不同信仰的公民，尊重各民族的宗教信仰，增进了班级、学校、各民族同学的团结。

北京市顺义区杨镇第二中学初二年级学生　黄　傲

（北京市顺义区杨镇第二中学提供资料，郑尚、王鹏编写）

案例 5

北京市郊区的福利院

【资源提供单位】 北京市顺义区高丽营第二小学、北京市密云县大城子中心小学

【资　源　类　型】 区域社会领域可持续发展教育资源

【资源整合模式】 统筹合作管理模式与共栖共存利用模式

【资源价值分析】

1. 儿童福利院承载着国家对特殊儿童的关注，具有特殊的教育功能

北京市第二儿童福利院的孩子多因残疾而被遗弃，脱离了完整的家庭生活，孩子身上存在不少的问题，最主要表现为人生态度消沉，对未来失去信

资源名称： 北京市第二儿童福利院
地理位置： 北京市顺义区高丽营镇张喜
　　　　　　庄村西
管辖单位： 北京市民政局
成立时间： 1999 年 8 月 20 日
提供单位： 北京市顺义区高丽营第二小学

资源名称： 大城子镇老年福利院
地理位置： 北京市密云县大城子镇聂家
　　　　　　峪大队蔡峪村
管辖单位： 密云县大城子镇政府
提供单位： 北京市密云县大城子中心小学

心，内心充满对家庭温暖的向往但缺少对已有的多方关爱的真切感受，有厌学情绪等。而福利院为这些孤残儿童的成长提供了一个充满爱的温暖的"家"，孩子们都沐浴在爱的阳光下——既有党和人民对孤残儿童的关怀，更有福利院的教师与工作人员的无私的关爱。

由于北京市第二儿童福利院的适龄儿童均在北京市顺义区高丽营第二小学随班就读，这些孩子们拥有了与其他健全孩子一起交流、生活、学习的机会，日常生活接触紧密，这些有利于培养他们与人交往的能力，补充他们对"小社会"的认识，能更多地体会到集体生活的乐趣。同时，福利院这一特殊的儿童群体融入了学校正常学生的学习与生活之中，形成了学生群体的差异，也无疑成为一种特殊的丰富的教育教学资源。

另外，学校地处较偏远的农村，家长因自身素质或家庭条件的影响，对学生的关注度较低，孩子们的视野相对狭窄。通过走进福利院，使学生之间加强了沟通了解，发挥综合性学习对培养合作精神及策划、组织、协调和实施能力的作用，提升学生对社会的认知，有利于学生逐步形成良好的个性和健全的人格。

2. 老年福利院承载着国家对老年人的关注，具有特殊的教育功能

在大城子老年福利院里，北京市大城子中心小学通过少先队活动，开展德育教育，培养学生尊老爱老敬老的情感，使学生能更好地体验、分享幸福，感悟人间真情，进行爱老敬老的生命伦理道德教育，培养学生的人生观、价值观

和尊老爱老敬老的道德观。

【资源开发、利用与整合策略】

1. 制定教育目标

通过走访、记录、介绍等形式，培养学生的合作意识；通过对福利院儿童及老人生活环境的了解，体会到福利院这一大"家庭"的温暖，展示中华民族的传统美德，让学生懂得要关爱别人（尤其是残疾人），珍爱生命，拥有一颗爱心，增进人与人、人与社会、人与自然之间的和谐与平等。

2. 明确教育途径与方法

学科整合：北京市课程改革实验教材中安排了大量的以"爱"为主题的文章，其中语文第五册第五单元《难忘的八个字》就表现了一位有爱心的教师对残疾孩子的无私关爱。但课文学习下来，孩子们均缺少发自内心的触动和感染，缺少情感的共鸣——健全家庭的学生不以为然，多因没有真实的内心体验而不能领会文中伦纳德老师的真挚爱心；而班上有的残疾孩子则认为是理所当然。虽然他们内心有着强烈的爱的渴求，但他们对于别人的爱不领情，也不懂感恩，甚至认为老师的爱是一种怜悯的施舍。鉴于以上两点，北京市高丽营第二小学把福利院这一资源与本单元语文实践活动课进行整合，利用儿童福利院"社会大课堂基地"优势，以现场授课的形式对学生进行"爱"的主题教育。通过参观、走访、回想、交流等形式，让学生切实了解福利院的日常生活，并引导他们联系自身实际反思"自问"，让有"家"的孩子都能感受到生活的幸福和温暖，懂得感受、分享、奉献爱。

专题教育活动：大城子老年福利院里有大片的空地，一部分种了些花草，还有一部分空闲着。北京市大城子中心小学以"敬老院里的绿色希望"为题，开展了专题教育活动，利用敬老院里的空地，学生与老人们种植一些蔬菜，一方面锻炼了学生，另一方面还给老人带来快乐，为他们提供了新鲜的蔬菜。

【资源利用成效】

新课程要培养全面发展的人才。全面发展的人必须是人与自然、社会有机交融和谐发展的人。因此，教学活动要跳出"封闭的"教材和课堂，让学生走进社会大课堂，将文本课程建设成体验性课程。只有充分地感知、体验社会大课堂，从中获取大量具体生动的材料，让学生在教学课堂上有话可说，有感可发，有疑可质，课堂才会更加充满生机与活力。

教师感言：

纵观整个活动过程，孩子积极参与到参观、采谈之中，他们用耳朵倾听、用眼睛观察、用心灵体会，在交流和对比中感受到了各自"家庭生活"的幸福，在动笔撰文中抒发了自己的内心感受，较好地达成了目标。

北京市顺义区高丽营第二小学语文教师　杨　雪

写给妈妈的一封信①

亲爱的爸爸妈妈：

你们好！我们已经两年多没见面了，你们在美国好吗？哥哥姐姐也好吗？我很想念你们啊！妈妈，我还记得你把我送到福利院时说过的话，你说安顿好了就会来接我，我一直在等你们啊！

爸爸妈妈，我们福利院里有健身房、多功能厅、图书室和机房，在课余时间我们还可以到这些地方活动。过年过节的时候，为了让我们开心，老师还组织我们一起演节目、包饺子、放烟火，老师说这里就是我们的家。

爸爸妈妈，我在福利院生活得也挺好的。这里比咱们原来的家大多了，有200多个兄弟姐妹，还有很多的老师负责照顾我们。我们的饭菜也是各种各样的。在这里，我学会了洗衣服，学会了自己梳头发，学会了自己收拾物品。你知道吗？我现在已经上三年级了，我不但没有留级，而且成绩还很好呢！

① 本文为北京市高丽营第二小学学生活动后的习作。

来到福利院后，我就被安排到高丽营二小上学。开始我老是想家，学习也不好。班主任杨老师对我说："你要好好学习呀，妈妈送你来的时候你是个好孩子，等妈妈接你时，你应该比原来更好，这样爸爸妈妈才会放心呀！还有，爸爸妈妈在美国，如果有一天你也去了美国，你不懂英语怎么行呢？所以你要好好学英语，为将来做准备。"听了老师的话，我心里充满了希望，所以我好好学习，每次英语考试我都考 100 分，英语竞赛还获奖了呢。爸爸妈妈，你们说我棒不棒？

妈妈，福利院的老师对我们好，学校的老师也对我们好，我现在是把这里当做家了，可是，我心里真正的"家"是和你们在一起。有一次我生病了，老师悉心照顾我，夜里还摸摸我是不是发烧。老师的手摸在我的额头上，那时我多希望那是妈妈温暖的手呀！六一儿童节，彭丽媛阿姨到福利院来看我们，我代表伙伴们给她献花，彭阿姨拥抱了我，还亲了我，那时我多希望那是妈妈的怀抱呀！爸爸妈妈，我好想你们呀！想和你们一起拉着手散步，想和你们一起看电视，哪怕是我不听话，你们揍我一顿，我也愿意，只要能和你们在一起！再有一个星期就是我的生日了，我多么希望第一个得到你们的祝福呀！爸爸妈妈，早点来接我吧！

祝身体健康，万事如意！

想念你们的女儿：喻京媛
2009 年 6 月 25 日

（北京市顺义区高丽营第二小学、密云县大城子中心小学提供资料，
郑尚、王鹏编写）

第六章 整合农村文化领域 可持续发展教育资源实例

学校是重要的思想文化阵地，教育理应在弘扬中华文化、提升国家文化软实力进程中发挥积极作用。

文化作为联系可持续发展中社会、环境和经济三个领域的桥梁，是人类发展的最基本要素，也是可持续发展的灵魂。可持续发展教育文化领域包括传承中华文化、世界遗产、尊重文化多样性等方面教育内容。（见图6-1）

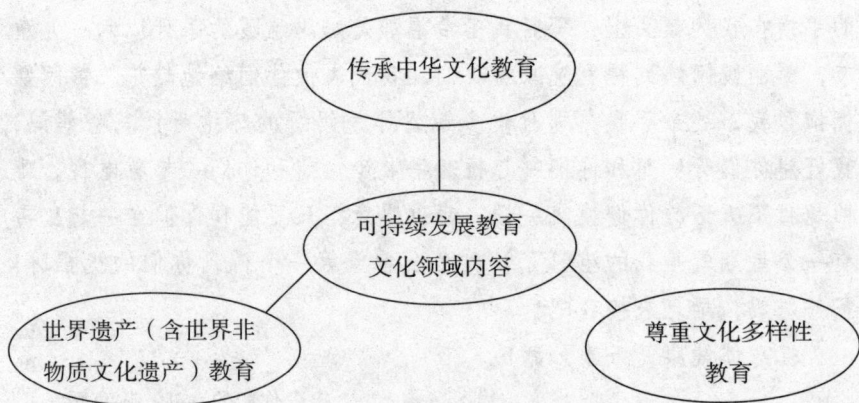

图6-1 可持续发展教育文化领域内容

研究证实，农村地区常见的可持续发展教育文化领域的资源十分丰富。其中，表现最为广泛的是依据地域社会、经济发展产生的地域民族文化资源，例如清真寺、药王庙、关帝庙、圈门门楼等；反映地域民俗风情的舞蹈艺术以及非物质文化遗产等，例如太平鼓、鼓子秧歌、皮影艺术、琉璃文化等；反映农村经济作物文化的资源，如北京市大兴区的西瓜博物馆、顺义区燕京啤酒节等；还有反映历史遗迹、遗址的资源，如世界遗产周口店北京人遗址、西周燕都遗址博物馆、轩辕黄帝陵——轩辕台等。

本章重点从资源的价值分析、资源开发的策略、资源整合策略以及使用资源的初步成效几方面介绍位于农村学校周边的校内外文化教育资源。其中，校内文化教育资源有文化长廊，校外文化资源包括门头沟地区的圈门过街楼、大戏楼、窑神庙，世界文化遗产教育资源周口店北京人遗址，国家文化遗产教育资源西周燕都遗址博物馆，国家非物质文化遗产教育资源北京崔永平皮影艺术博物馆和琉璃渠中小学劳动艺术教育基地。相信这些农村文化资源能够为农村中小学开展可持续发展教育提供有意义的借鉴。

第一节　培养传承中华文化意识与行为的实例

案例 1

校外文化教育资源：圈门过街楼、大戏楼、窑神庙

【资源提供单位】北京市门头沟区西辛房中学
【资　源　类　型】社区文化领域可持续发展教育资源
【资源整合模式】统筹合作模式

资源名称：北京市圈门过街楼
地理位置：北京市门头沟区龙泉镇圈门
管辖单位：北京市门头沟区龙泉镇
修建时间：明代

资源名称：北京市圈门大戏楼
地理位置：北京市门头沟区龙泉镇圈门
管辖单位：北京市门头沟区龙泉镇
修建时间：明代

地域特色传统文化是铭刻地域历史和传统的精神积淀，尤其是一些蕴蓄文化内涵的物质或建筑，具有标志性、现实性等特点，是对学生进行传统文化熏陶、进行可持续发展教育的很好的载体。

资源名称： 北京市圈门窑神庙
地理位置： 北京市门头沟区龙泉镇圈门
管辖单位： 北京市门头沟区龙泉镇

圈门过街楼是中国古建筑中的一种特殊类型，它集关城、城门与寺庙于一体，一般建在行人必经的村口、隘口。有的设置大门，夜间关闭以保障安全；有的还供有神像，当人们从神像下通过，就起到了参拜神灵的作用；也有的仅仅是为了装点景致。古代戏台一般建在神庙的对面，主要目的是酬神，其次才是大众娱乐。窑神庙是北京地区仅存的煤业信仰庙宇，旧时庙内供奉煤业祖师爷——窑神，窑神是京西门头沟古老煤业发展过程中产生的神灵，是煤业所依附的信仰物。

过街楼、大戏台和窑神庙都是承载着地区历史和民俗文化的建筑，蕴涵着丰富的地区特色文化背景。位于门头沟区龙泉镇圈门地区的过街楼、大戏楼和窑神庙就构成了一组与煤业习俗有关的文物。它们是见证门头沟悠久而富于地方特色的采煤历史的文化遗迹，是对学生进行文化领域可持续发展教育的宝贵地区资源。

【资源价值分析】

1. 作为地方特色文化的基础性资源，为地方文化的传承与保护提供了资源支撑

过街楼作为古村落的标志性建筑，北京市其他区县已经很少留有遗存，门头沟还保留着十余座。其中圈门过街楼是其典型代表，在北京古建筑史上具有一定的研究价值，它更是一处珍贵的文物古迹，现被定为门头沟区级文物保护单位。这座过街楼位于门头口，横跨门头沟（横岭至大峪的泄水沟），始建于明代，坐西朝东，下部为城台状券洞，砖石混砌，券洞上部平台，建殿堂三间，硬山大脊黄琉璃瓦顶，在殿堂内原供奉药王、文昌、关帝。过街楼整体建

筑精良，地处京西古道，由此西行可到达官厅、峰口庵关城。

明清以来，这里是一条繁忙的煤炭运输线。20 世纪 50 年代初期，因北侧第一个券洞年久失修，有坍塌迹象，于是将券洞顶部拆除，改为架木桥，通向北岸；南边第一个券洞为主通道，古时的西山大道即从此券洞通过，现被胡姓人家盖房压于房下。据当地老人讲，此洞内石上刻有"门头沟"三字；第二个券洞因妨碍交通，已将券洞顶部拆除；第三个券洞较为完好，券洞宽 4.7 米，进 11.24 米，高约 4.5 米。我们说的圈门过街楼就是现在仅存的一个券洞。

圈门过街楼作为地方文化的珍贵遗存，是进行乡土教育和地方性课程教学的代表性资源。通过组织学生参观和考察，了解并能实际感受圈门过街楼的建筑特色和历史变迁，从而让学生了解家乡、认识家乡，增强热爱家乡的情感。

2. 作为地方民俗文化的建筑代表，为了解煤业发展的历史提供了"活教材"

圈门大戏楼创建于明代，也是门头沟煤业发展的产物。旧时曾由门头沟煤行公议局进行管理。戏楼建在 1 米多高的台基之上，分为前后相连的两个戏台。前台为悬山卷棚式一大间，在前台两侧又宽出半间与后台相通。整个戏楼的设计十分精巧匀称，且方便演员从不同方向出入。台面上方，巨大横木与立柱相交处，施以巨形透雕云龙木构件，饰以彩绘，如两条巨龙欲腾空飞舞，平添了舞台的灵动与飘逸。整个戏台采用的立柱、横梁、棂窗、砖雕、泥塑无不气韵超脱，充满艺术气息。戏楼内清道光十年（1831 年）的黑漆金字大匾高悬梁下，上书"歌舞升平"，字大如斗，熠熠闪光。

戏楼是为祭祀窑神演戏之用，旧时每年腊月十七都要在这里举行盛大活动，演大戏三天，乞求窑神保佑平安，是反映门头沟煤业习俗的重要实物遗存。门头沟区政府 1981 年将其公布为第一批文物保护单位。该戏楼前台口已封堵，现堆放杂物，四周为杂乱民居，台口柱头泥塑已脱落，木雕构件也已残破。

窑神庙是北京地区仅存的煤业信仰庙宇，圈门窑神庙创建年代待考，清嘉庆、光绪年间曾维修。庙坐北朝南，现存前殿、后殿及两厢配殿。旧时庙内供奉煤业祖师爷——窑神，据说，这位煤神头戴官帽，黑脸浓须，身穿黄袍，文官打扮，但供奉的窑神具体是谁，何名何姓，至今仍然众说纷纭，莫衷一是。窑神庙现存于圈门中学校内。

门头沟区是北京煤炭的主产区，有"岁轫于辽金之前，滥觞于元明之后"之说，已有上千年的采煤史了。在历史上，煤炭生产及其附属产业是门头沟的经济支柱。采煤业是一个具有悠久历史和地方色彩的特殊行业，在长期的生产过程中，形成了一整套具有行业特点的习俗。煤业习俗丰富多彩，行业特点和地方特色浓厚，是煤炭从业人员在上千年的历史长河中，对自然界认识的表现方式，是思想意识、生产经验、生活情趣等方面内容的集中反映。

在北京市政府新修订的《北京市发展规划》中，把门头沟区功能定位为"生态涵养发展区"。门头沟区除仅剩下一座国营的木城涧煤矿外，其余所有的煤矿全部关闭，采煤业在门头沟将成为历史，窑神信仰也将仅见于文字记载之中了。但采煤业的历史文化是北京传统文化的重要组成部分，研究这部分历史文化，对研究北京的工业发展史及行业对地方历史文化的影响，都有重要的意义。

【资源开发策略】

1. 结合地方课程进行资源开发与利用，将资源课程化，促进学生对地方文化的了解与传承

结合门头沟区的地方课程《门头沟历史》进行资源的整合与利用，在组织学生参观考察的基础上，师生共同查阅、搜集有关圈门过街楼、大戏楼、窑神庙的资料，从而学习和了解圈门过街楼、窑神庙的历史、作用及建筑特征等知识，对学生进行民俗文化、乡土文化教育，培养热爱家乡的情感。

2. 结合国家课程进行资源开发与利用，将地方传统文化渗透其中，使学生内化相关的知识

将圈门过街楼、窑身庙等地方历史建筑遗迹资源与语文课、美术课、政治课等结合起来进行学习和渗透。与历史课结合让学生了解门头沟的历史变迁，从而更加热爱新生活；与美术课结合让学生学会欣赏我国的古建筑之美，并体会其中蕴涵的文化和美学内涵。与政治课结合了解地方经济发展历史及经济形态对地方发展及政策导向的影响和作用等。

【资源整合策略】

北京市门头沟区西辛房中学采用定期安排学校教师与熟悉圈门过街楼、大戏楼、窑神庙的村民以及了解门头沟发展史的相关专家沟通的方法，充分利用

圈门过街楼、大戏楼、窑神庙等地方文化资源开展可持续发展教育。

1. 制定教育目标

通过实地参观和考察，认真了解过街楼、大戏楼、窑神庙的历史、作用和建筑特征，从而培养学生对中华民族民俗文化尤其是地方文化的热爱，传承优秀文化遗产知识，培养民族自豪感、自信心以及热爱家乡的真挚情感。

2. 明确资源利用的途径与方法

实地考察：学生通过实地考察，了解圈门过街楼、大戏楼和窑神庙的建筑特征和发展历史，激发学生对地方传统文化、特色民俗文化以及地方经济发展历史的学习兴趣，引发学生对乡土文化、乡土民俗、乡土历史的热爱之情。

学科整合：学生通过考察和了解圈门过街楼、窑神庙的历史文化、建筑特征，展开语文、历史、美术等跨学科学习，全面认识门头沟区地方传统文化特征、民俗文化传统以及经济形态发展变革等内容，增强体验学习兴趣和实践学习能力等。

【资源利用成效】

通过开发与利用可持续发展教育地方文化资源，既拓展和丰富了教学内容，又弘扬了地方传统文化，开阔了学生的眼界，使教育形式更加丰富多彩——走进社区，走向社会，重视实践和亲身体会，并最终有所感悟。

通过整合与利用可持续发展教育的地方文化资源，教师的视野开阔了，不再将教学资源仅仅局限在书本上，而是意识到社会中处处存在着活生生的教育资源；教师的角色发生了转变，不再仅仅只是一个知识的传授者，而是成为了一个学生学习的引导者、解惑者、合作者；教师的自我学习与提升的意识增强了，研究的意识也增强了，正在由教书匠向学者型、研究型教师进行转变。

通过学习与考察可持续发展教育的地方文化资源，给学生提供了更为广阔的学习空间，让学生走出校门，亲身体验参与社会实践活动，密切了学生与社会生活的联系，建立起新型的学习方式，促进了学生学习能力、观察能力和思考能力的提高以及爱祖国爱家乡的情感态度的形成。

教师感言：

　　教学如果不和学生的现实生活相融合，就没有现实的感觉，学生也就缺乏学习的动机。必须改变课堂等于教室、学习资源仅限于书本的观念，随时从学生熟悉的现实生活和社会实际中选取学生关注的话题，及时纳入课程和课堂中。要使书本世界与学生的现实世界贴近，与学生的已有经验和背景相符，强调对"生活的回归，从生活中来，再到生活中去"，使知识不再是零散的、孤立的与生活隔离的东西，而是使学生能自己意识到生活中到处都是知识。要让生活走进课堂，将课堂引向生活，要更多地走向课外、户外，因为生活的一切时间和空间都是学习的课堂。就历史课本及乡土教材相关内容通过参观访问、调查研究、古迹探寻、体验历史等形式，使学生对历史兴趣盎然。这就给我们一个启示，历史教学局限于四十五分钟的课堂教学这一传统封闭的形式到了应该且必须改变的时候了。

北京市门头沟区西辛房中学　范联革

学生感言：

　　前不久，老师组织"走访身边历史遗迹"的社会实践活动。虽然那天风很大，但为了探访在百年前就已存在的历史古迹，我们的热情却很高。我们走访的第一个古迹是戏楼。多年的风雨侵蚀使它早看不出模样了，如果不是因为有标着文物字迹的石碑，我们恐怕就要和它擦肩而过了。第二个是过街楼，与戏楼相比，就要好得多啦！不但已被修缮完好，还在最显眼的地方挂了标有"爱护文物"四个醒目的大字牌匾。……看了这么多的古迹，我的感受很多。首先参观了这些古迹，使我了解了家乡的悠久历史；其次也是我的担心，当我走过被毁的已经看不出的戏楼和仅剩残垣断壁的三义庙，心里难过极了！真不知再过百年后，这些文物古迹还会不会存在。我真希望大家都能行动起来，一起保护文物吧！

北京市门头沟区西辛房中学初一（6）班　李　京

学生感言：

通过这次活动，我知道了门头沟的煤炭早在 800 年前的元朝就得到开采。在过去，地下采煤设备简陋，塌方、渗水事件时有发生，窑工的生命没有保障，窑工们为了安全，就祈祷神灵来保护他们；窑主们为了多挣钱，也祈祷神灵的庇护，这样窑神庙诞生了。我还知道门头沟名字是怎样来的……通过这次走访，我更加了解家乡门头沟的历史，还了解了不少的历史知识，总之，这次活动让我难忘。

北京市门头沟区西辛房中学初一（4）班　杨　帆

（北京市门头沟区西辛房中学提供，刘淑蕊编写）

案例 2

校内文化教育资源：百米文化长廊和校园文化长廊

【资源提供单位】北京市顺义区杨镇第二中学、北京市房山区良乡第三小学

【资　源　类　型】校内文化领域可持续发展教育资源

【资源整合方式】互利共生模式

校园文化是学校精神文明建设的重要内容。健康向上的校园文化是一种很重要的隐性教育资源。北京市顺义区杨镇第二中学和北京市房山区良乡第三小学注重环境建设，在校园中建起了文化长廊。

北京市房山区良乡第三小学利用校园围墙修建起有 40 多个橱窗、50 多米长的文化长廊。文化长廊中包括《二十四孝》故事、《论语》故事、《三字经》等，旨在传播中华传统文化。

北京市顺义区杨镇第二中学是杨镇一中教育集团的一部分，该集团在校内建立起最典型的文化景观——三百米长的文化长廊，长廊东起于梦池西终于讲英堂，该长廊的风格为清代飞檐式建筑，沥粉贴金式彩绘。廊内唐诗、宋词、

资源名称： 百米文化长廊
地理位置： 北京市顺义区杨镇一中教育
集团校园内
管辖单位： 北京市顺义区杨镇一中教育
集团
修建时间： 2004 年

资源名称： 校园文化长廊
地理位置： 北京市房山区良乡第三小学
校园内
管辖单位： 北京市房山区良乡第三小学
修建时间： 2007 年 12 月

元曲书法画作，石刻木雕尽显其妙，校史沿革、师生才艺囊括其中，漫步长廊，令你心驰神往。

这两所学校建立起来的文化长廊，不仅是校园中一道独特而亮丽的风景，而且是校园文化的重要组成部分，具有启迪智慧、陶冶情操、净化心灵、提升精神境界等育人功能。在实施可持续发展教育时，这两所学校将校内的文化长廊作为可持续发展教育文化领域的资源。

【资源价值分析】

1. 文化长廊提供了感受中华传统文化的氛围

北京市顺义区杨镇第二中学的百米长廊，以一副楹联"一绸浅水开心境，百米长廊入洞天"开始，浓浓的文化氛围扑面而来，步入其中，汉赋、唐诗、宋词、元曲等经典俯拾皆是。大理石刻和樟松木雕更是长廊的一道文学风景线，石刻共25 幅，木雕共15 幅，选刻汉至清两千年脍炙人口的经典诗词。其中包括《千字文》《三字经》《幼学琼林》《笠翁对韵》中育人明理导学启蒙的传统典章。学生在这里可以品读名人佳作，感悟人生哲理。

北京市房山区良乡第三小学文化长廊中，二十四孝故事展示了我国古代人民感人至深的孝亲敬长的美德，学生每天都可以阅读，一个个故事震撼着学生的心灵。

2. 文化长廊成为培育传承文化意识与行为的场所

北京市顺义区杨镇第二中学的教师们认为，别具一格的校园文化长廊使整个校园充满浓郁的文化氛围，为学校师生创造了优美的艺术环境，营造了浓厚的文化氛围，让师生在不知不觉中享受了中华传统文化，陶冶了情操。又可以帮助学生树立正确的世界观、人生观和价值观，养成良好的生活习惯，培养敦厚善良的习性。

北京市房山区良乡第三小学的教师认为，文化长廊营造给师生创造一个有形而庄重的心理"磁场"，具有"润物细无声"的教育魅力，使校园文化建设成为一部无声的教科书，使师生继承和发扬传统美德，成为道德高尚的人。

3. 文化长廊为实施可持续发展教育提供了空间

中国优秀传统文化作为最宝贵的财富，经过长期的积淀，扎根在中国这块广袤的大地上，它深深地影响了中国社会生活中的各个方面，让青少年一代加以继承和发扬，可以为现代化建设提供精神动力和智力支持。当前，社会主义市场经济不断向纵深发展，人们的思想观念发生了深刻变化，传统的世界观、人生观受到严峻挑战，青少年的思想道德状况令人担忧，同时也提示我们，教育中更应注重对青少年道德的培养，而中国传统文化的一大特点就是讲究道德。长廊中的经典成语、诗词名句和经史子集中脍炙人口的篇章，让长廊的每一处都蕴涵着浓浓的书香气息，让学生们在潜移默化中增长见闻、启迪智慧、陶冶情操。在以创建"书香校园"指导思想的引领下，校园文化长廊的建立，必将为学校和谐发展注入新的活力。

【资源开发策略】

这两所学校在开发文化长廊的教育资源的过程中，首先，分析文化长廊与可持续发展教育的关联，将其定位于文化长廊属于可持续发展教育文化领域的资源，反映的是中国优秀传统文化教育主题的内容。其次，将文化长廊的基本内涵与学校开展可持续发展教育的相关课程建立联系，编写校本课程。最后，将可利用的资源与实际教育活动和学科教学内容对接，设计利用该资源的实践方法。

【资源整合策略】

1. 确定利用文化长廊进行可持续发展教育的目标

资料 6－1

北京市房山区良乡第三小学利用文化长廊进行可持续发展教育的目标

知识:了解传统文化,会讲二十四孝故事,简要复述《论语》《三字经》的内容。

技能:培养生活和学习的能力。

情感、态度、价值观:培养对中华民族优秀传统文化的热爱,传承优秀文化知识;培养孝亲敬长的好品德,创造和谐的家庭生活环境和校园学习环境。

资料 6－2

北京市顺义区杨镇第二中学利用文化长廊进行可持续发展教育的目标

知识:了解中国传统优秀文化的精华,认识与中国传统文化相关的内容。

技能:从不同角度理解中国优秀传统文化,培养独立思考和创新能力。

情感、态度、价值观:培养学生强烈的民族自豪感和自信心,增强热爱和弘扬中国传统的艺术文化的责任感和使命感;激励学生勤奋学习、树立远大理想和自强不息的品质。

2. 明确文化长廊利用的途径

这两所学校将文化长廊作为学校立体可持续发展教育校本资源,结合学生的年龄特点,贯穿于学校班团队教育活动、综合实践活动之中。同时,在品德、政治、语文、美术等国家课程中也巧妙开发利用文化长廊这个可持续发展教育资源,将文化长廊的教育功能释放到学科教学之中。

3. 确定资源利用的方法

资料 6-3

北京市房山区良乡第三小学利用文化长廊的方法

针对二十四孝故事的教育：一、二年级以校本课程和开展讲二十四孝的评比活动为载体，使低年级学生做到会用自己的话讲故事。中年级以主题班会和品德与生活、品德与社会为载体，开展"点滴生活见孝心"活动，使中年级学生做到在家庭中孝敬长辈。高年级以品德课、班队会和社会实践活动为载体，开展"争当和谐小使者，幸福生活伴我行"系列活动，使高年级学生做到在家庭和社区热心帮助长辈。

针对《论语》《三字经》的教育：以语文课中学、每天两分钟诵、主题班会中讲，学习实践为载体，在中高年级开展能诵读、能解释、能运用的系列活动。使学生不仅了解《论语》《三字经》中的有关"学习兴趣、学习方法"的内容，而且在自己的学习、生活中，恰当地应用，从而掌握良好的学习方法，提高自主学习的能力。

资料 6-4

北京市顺义区杨镇第二中学利用文化长廊的方法

1. 从收集文化长廊中的词、名句、经典成语、传统典章入手，先理解其内涵，再把这些资源归类，感悟其经久不衰的艺术魅力。

在入学初带领学生们参观文化长廊，在分组参观的过程中要求学生在小组合作中完成其中的古诗词名句、经典成语和篇章的记录，并欣赏长廊内的各种画幅，然后通过网络查找、到书店找资料、请教老师、同学交流等诸多方式，找到名诗、名篇出处，深刻理解其意思。

2. 借鉴语文、美术等学科的教学资源，进行学科整合，加强对可持续发展教育点的渗透。利用综合性学习在班内展开交流，写出观后感。让学生在感受中国传统文化博大精深的同时，与自身的学习、思想现状结合起来。

校园"文化长廊"，让孩子们在潜移默化中受到文化熏陶，对他们修身养性将起到很好的作用。

【资源利用成效】

通过校园文化建设，让充满文化氛围的校园给学生提供了学习的机会和发展的空间，使学生透过传统文化感悟祖国文化的博大精深，懂得继承与发展祖国文化的重要性。学生在多种形式的活动中，领悟传统文化在现代生活中的指导意义，产生了进一步了解中国悠久历史文化的愿望，促使学生形成正确的情感、态度和价值观。

通过可持续发展教育资源的开发与利用，教师意识到探究文化领域的可持续发展，挖掘古代圣贤思想中孕育的可持续发展思想，寻求校园文化促进可持续发展的智慧，是自己义不容辞的责任。在此基础上，寻找学科教学内容与中国传统文化教育的融合，将中国传统文化内容融入学科教学当中，在教育的实践中教师成为可持续发展教育的先行者，能够结合本校特点，最大限度地发挥文化长廊的教育功能，在这个过程中，丰富了知识，提高了能力，教师的素质得到了提高。

教师感言：

校园环境给学生营造了浓厚的传统文化氛围，在这种氛围的熏陶中，学生自觉地找到了榜样。在纳入各种教学活动的过程中，学生对中国久远的历史文化有了形象的了解。一个个生动感人的故事增强了孝亲敬长的意识，懂得了报恩，"小皇帝"在减少。校园中，同学之间的谦让情景在逐渐增多，和谐的氛围萦绕在校园中。同时，学生关于孝亲敬长的手抄报和绘画展示在学校的橱窗中，教育着社区中的人们，形成了社区效应。"孝"升华为"爱"。这种爱扩展到班级、学校和社会。尊敬师长、孝敬老人是学生从小就应该养成的品格，现在感恩的种子已经在他们心中扎根。

北京市房山区良乡第三小学　刘永学

学生感言：

以前总觉得饭来张口、衣来伸手理所当然，父母还年轻，照顾我们是应该的，但从没想过要孝敬他们。二十四孝故事深深触动了我，以后要多做一些力所能及的事情，把帮父母分担家务、孝顺父母作为必修课程。今后，帮爷爷、奶奶做力所能及的事，给奶奶做饭"打下手"，帮妈妈洗衣服等，还要给爸爸捶背，特别是自己的事情自己来做。中华民族孝老爱亲的传统美德让我懂得了亲情的可贵，更加珍惜亲情。我的进步离不开老师的教导，离不开富有教育意义的校园，更离不开我们祖国传承五千年的文化的熏陶。

北京市房山区良乡第三小学五（1）班　李墨馨

教师感言：

中国优秀传统文化是最宝贵的财富，有着几千年的文化积淀，除了课本和课外书籍外，校园文化长廊也是语文学习的最佳园地。文化处处不在，只有潜心研究，找到文化传承与课堂教学的结合点，将传统文化教育内容引入教育教学活动中，是实施中国传统文化教育的前提。实践证明，ESD 理念在学科教学中是有生命力的，可持续发展教育是深受学生欢迎的。

北京市顺义区杨镇二中　史慧芳

学生感言：

通过参观百米文化长廊，记录、整理、理解长廊中的传统文化资源，我深切感受到了中国传统文化的博大精深和恒久魅力，在语文综合性学习课上，我大胆与同学交流自己的参观学习所得，积极与同学探讨疑难困惑之处，我不仅积累了许多的古诗词名句和经典的成语故事等，还发现经典名篇中蕴涵的深刻道理，这对我今后的成长大有裨益。

北京市顺义区杨镇二中初一（3）班　张　迪

（北京市顺义区杨镇第二中学、北京市房山区良乡第三小学提供资料，钱丽霞编写）

第二节　培养保护文化遗产意识与行为的实例

案例3

世界文化遗产教育资源：周口店北京人遗址

【资源提供单位】北京市房山区周口店中学

　　　　　　　　北京市房山区周口店中心校

　　　　　　　　北京市房山区教师进修学校

　　　　　　　　周口店北京人遗址博物馆

【资　源　类　型】文化领域可持续发展教育资源

【资源整合模式】契约管理以及共栖共存模式

资源名称：周口店北京人遗址博物馆
地理位置：北京市房山区周口店镇
管辖单位：北京市房山区政府
修建时间：1953 年

北京市房山区素有龙乡美誉。五十万年前，北京猿人步履蹒跚，从远古的蒙昧中走出来，世界东方地平线上出现了第一缕人类文明曙光。身为龙乡儿女，房山区所在的学校在分享这一份盛誉的同时，更感到肩上沉甸甸的责任。文化需要传承，传承需要教育。如何认识周口店北京人遗址所蕴涵的跨越民族、种族、地域和国界的独一无二的价值，如何开发和利用好这一难得的教育资源，在对学生进行生命教育、环境教育和科学教育的同时，帮助学生树立正确的历史唯物主义价值观，唤起学生深远的历史感、乡土意识和家国意识，进而升华为爱国主义和民族自强精神，房山区周边的周口店中学和周口店中心校与周口店北京人遗址博物馆共同将北京人遗址作为可持续发展教育文化资源，服务于学校课程改革和教学实践。

【资源价值分析】

1. 周口店北京人遗址提供了远古时期亚洲大陆人类社会的历史证据，讲述了人类进化的进程

周口店北京人遗址位于北京市西南约五十公里房山区境内周口店镇龙骨山北部，在这里共发现 27 处具有科研价值的化石地点，出土了距今大约 60 万年前至 2 万年前的 200 多件古人类化石、数万件石器、近百种动植物化石以及丰富的用火遗迹。北京人化石的发现，为人类进化理论提供了有利实证。保存完整的灰烬层，把人类用火的历史提前了几十万年。科学家经过对用火遗迹的研究，证明"北京人"不仅懂得用火，而且有控制火和保存火种的能力；大量石器的发现，有力地证明了劳动在人类进化和发展过程中至关重要的作用。北京人遗址 1961 年被国务院列为首批全国重点文物保护单位，1987 年被联合国教科文组织列入世界文化遗产名录。

2. 周口店北京人遗址是青少年开展社会实践活动和爱国主义教育的示范基地

为了更好地服务学校、惠及学生，北京人遗址从自身的资源特点出发，开发了包括模拟发掘、模型制作、模型装架、使用石器、钻木取火等多种精品课程，学生可以在专业人员的指导下进行动手操作。遗址公园内还设有地震科普馆，学生可以在这里观看地动仪模型，在倾斜小屋学习地震发生时避险常识。遗址博物馆内丰富的馆藏实物、多媒体演示、模拟场景等更会让人流连忘返。中外科学家合作挖掘北京人遗址的人物故事会让学生懂得国际理解与合作的重

要，而"北京人"头盖骨化石在抗日战争时期丢失的史实，无疑会激发起学生爱国主义情感。在这里，学生还可以定期参加各种以"寻根溯源、传承文明"为主题的教育活动，或参加"小讲解员培训班"和"科普夏令营"等活动。为此，周口店北京人遗址1997年被中宣部评为"全国爱国主义教育基地"，2006年被共青团中央授予"全国青少年教育基地"，同年被北京市教委授予"北京市中小学生教学活动实验基地"。

3. 周口店北京人遗址具有丰富的课程资源

世界遗产资源经过开发可以作为学校的课程资源。例如，物理、化学学科可以通过实地调查和模拟实验等方式，增强学生对世界遗产的认同、尊重和自觉保护意识；历史学科通过对人类进化的探究，让学生理解人类由蒙昧到文明的演化历程，树立正确的历史唯物主义价值观；地理学科通过了解地质构造演化过程，让学生感悟人类自身发展和生存环境变迁之间的内在联系，提高资源与环境的保护意识；政治学科通过了解近现代各国科学家和考古学家对遗址挖掘和研究的过程，让学生树立国际合作观；生物学科通过古生物进化的探究，让学生了解地球生物多样性，关注人与自然的和谐发展。

【资源开发策略】

周口店北京人遗址属于可持续发展教育社会文化领域的资源。周口店中学和周口店中心校与北京人遗址咫尺之遥。利用区位优势，借助北京市社会大课堂政策支持，房山区教育委员会组织带领周口店中学和周口店中心校与北京人遗址博物馆实施跨部门互动合作。

周口店北京人遗址博物馆将遗址资源以博物馆、模拟实践基地、媒体动画、实践手册等多种形式转化成教育资源。与此同时，为达到校内教育与校外教育的结合、课堂教学和社会实践的结合，遗址博物馆充分利用人文自然资源，与学校课程相结合，与房山区教师进修学校合作，开发了"中华大地的远古人类"、"周口店遗址的古生物"、"远古人类的用火"、"品德与社会"等多媒体幻灯课程资源。

周口店中心学校利用遗址资源，开发校本课程和国家课程资源，凸显与渗透"根祖文化"；开发教育活动资源，形成"根祖文化"系列活动。

周口店中学利用地域优势，首先，构筑人与自然、人与我、人与社会、人与艺术、人与技术五大主题开发；其次，开发课程资源，进行多学科（地理、历史、化学、生物等）系统化的整合。

【资源整合策略】

周口店中学、周口店中心校与周口店北京人遗址博物馆属于不同的行政部门管理，为了有机整合周口店北京人遗址与学校内部的教育资源，学校与遗址管理单位确定了使用资源的"契约"，以保障跨部门互动合作开展可持续发展教育。与此同时，为实现教育内部与教育外部共同的宣传、保护世界遗产的目标，双方合作开发适于学生和社会公众需要的教育资源。实践证明，学校与资源单位合作开发与利用的如下方法，可以使双方互惠共赢。

1. 资源整合过程中确定共同的教育目标

（1）依托北京人遗址传播世界遗产保护知识，提高遗产保护能力与自觉性。

（2）在资源利用中培养学生合作探究意识与能力，培养提出问题、分析问题和解决问题的能力，进而将所学的知识与实际联系，达到学以致用的目的。

（3）通过研究性学习，增强学生对生命意义、自觉维护地球生物多样性与人类生存环境的重要意义的理解，培养学生历史唯物主义价值观，唤起学生深远的历史感、乡土意识与家国意识，进而将上述认识升华为爱国主义情感和民族自强不息的精神。

2. 明确资源利用的途径与方法

资源管理单位为学校提供实地考察、模拟实验与角色参与的活动基地。通过资源管理单位的专家与学校教师合作指导学生实地考察和模拟挖掘，体验人类幼年时期严峻的生存环境与生活的艰辛，体会劳动在人类进化过程中的重要意义，而遗址挖掘过程又可以使学生明白国际理解与合作的重要性，让学生在经过选拔培训后到遗址博物馆参加讲解、导游、环卫等工作，让学生经历一种独特的体验过程，使其自主精神和社会责任感进一步加强。

学校采用多学科渗透与跨学科整合的教学模式。北京人遗址是一座资源宝库，既可以采用单一学科渗透的方法，同时，也可以采用多学科整合的教学模式。学校在资源开发利用时，具体采用的方法包括：（1）重视国家课程、地方课程以及校本课程整体规划；（2）分学科挖掘知识切入点，明确学科对遗址资源利用的作用与价值；（3）在多学科合作下实现跨学科整合的教学方式。

比如周口店中学以"北京人遗址保护之我行"为主题的综合实践课，在探讨遗址地质、大气、水系、土壤、植被等因素对遗址保护的影响时，以地理学科作为主线，探讨遗址地质作用、构造及地壳运动、气候变化对遗址的影响；化学学科从大气、酸雨及土壤的污染的角度，探讨对遗址保护的影响问题；生物学科从遗址的植被及生物多样性的角度，探讨保护遗址的重要影响因素。

隐性课程与显性课程有机融合。学校通过建设以人类进化和中华文化为主题的景观课程、楼道墙壁课程等吸引学生在不经意间驻足回眸，启迪学生思考。

【资源利用成效】

通过可持续发展教育资源课程化，学生的可持续发展的意识与能力得到提高。无论是在课堂里，还是在综合实践活动中，学生直接或间接地获得了比以往任何时候都多得多的可持续发展方面的知识，提高了文化自觉、增强了文化自信，知家乡、爱家乡的情感自然升华为爱国主义情感和民族自强精神。

通过可持续发展教育资源课程化，教师开发利用教学资源的能力得到提高。通过对周口店北京人遗址资源的拓展与置换，可以把文化资源转化为教育资源，再通过学科渗透、专题教育与跨学科整合，将教育资源转化为课程资源，最后通过讲授与合作探究，将课程资源转化为学生经验。

教师感言：

周口店北京人遗址的历史和文化内涵是非常厚重的。很多人把它当成旅游景点欣赏，于是便有了"冤人洞"的慨叹。指导孩子们了解北京人遗址的价值，使孩子们增强深邃的历史感，唤起他们爱科学、爱家乡的情感就显得非常重要。

北京市房山区周口店中心校　李春英

英语作为一种交际工具，必然要求英语教学的目的是培养发展学生使用这种交际工具的能力。把英语课与综合实践课进行有机整合，通过教小导游学习导游词，模拟一种交际的情境，学生的积极性非常高，效果也出奇的好。

北京市房山区周口店中心校　常海英

教师感言：

　　学以致用，北京人遗址为孩子们提供了一个非常好的舞台，综合实践活动把孩子们的幸福童年装扮得多姿多彩。

北京市房山区周口店中心校　段亚杰

　　世界遗产教育对我的影响非常大，可持续发展教育的理念大大开阔了我的视野，丰富了所教学科课程资源，提升了我的文化自觉，增强了文化自信，我一定会在这方面进行更深入的探索。

北京市房山区周口店中学　刘　新

　　可持续发展教育资源课程化丰富了学校文化的内涵。如社会文化领域的可持续发展教育资源融入学校景观课程或墙壁课程，学生在不经意间心灵受到触动、得到启迪、引发思考，思想意识和行为方式受到潜移默化的影响。

学生感言：

　　以前我就知道龙骨山上有很多化石，还知道很多外国人来看化石，再多的事就不知道了。通过到北京人遗址参加实践活动，我知道了这些化石还有那么高的价值，我为生长在周口店感到自豪。

北京市房山区周口店中心校五（2）班　王雅璐

　　通过到北京人遗址当小导游，我觉得北京猿人不丑了，因为他们是人类的祖先，远古的时候与大自然作斗争，生生不息。

北京市房山区周口店中心校五（2）班　张安琪

（北京市房山区周口店中学和周口店中心校提供，

甄增瑞、钱丽霞编写）

案例 4

国家文化遗产教育资源：西周燕都遗址博物馆

【资源提供单位】北京市房山区良乡中学

【资 源 类 型】区域文化领域可持续发展教育资源

【资源整合方式】合作共建共享管理模式

资源名称：西周燕都遗址博物馆
地理位置：北京市房山区琉璃河镇董家林村
修建时间：1995 年 8 月

　　北京市房山区推进可持续发展教育的一个成功经验是，不仅在校内实施可持续发展教育，同时也挖掘地域可持续发展教育资源，将可持续发展教育变为走向社会的教育。

　　位于房山区的良乡中学坚持"文化立校"和"质量立校"的理念，立志要把良乡中学建设成具有深厚文化底蕴、教育质量优异、人民高度满意的区域名校的发展目标。大力倡导和弘扬"怀天下、求真知、学做人"的"爱众精神"，促进师生和谐发展。基于这样考虑，该校注意挖掘学校周边西周燕都遗址的资源，把学生成长的地域文化环境作为学习场所，让学生感知身边的历史、关注社会发展，增进对家乡的热爱，树立可持续发展的理念。

【资源价值分析】

1. 资源历史悠久

西周燕都遗址博物馆位于北京市房山区琉璃河镇董家林村，是西周时期北方重要邦国之一燕国的都城遗址，反映了北京城三千多年前建城时的状况和文化风貌，是全国同时期遗址中文化遗存最丰富的遗址，出土了一大批极具文物价值的青铜器、陶器、玉器、石器、漆器、玛瑙器等。其中通高 62 厘米、口径 47 厘米、重 41.5 公斤的堇鼎，是北京地区出土的最大的一件青铜器。1988 年西周燕都遗址被确定为全国重点文物保护单位，素有"北京城之源"之称。

出土的陶器　　　　　　　　　　　出土的漆器

西周燕都遗址分布在以董家林村为中心的刘李店、黄土坡、立教、庄头、洄城 6 个自然村，京广铁路两侧。整个遗址东西长 3.5 公里，南北宽 1.5 公里，面积 5.25 平方公里。学生将之变成了学习的场所。

2. 资源有助于课程目标的达成

西周燕都遗址内有博物馆，是古文化遗址与文物陈列相结合的考古专业性博物馆，主要展示了西周时期燕国都城的城垣与燕国贵族墓葬出土文物。在发掘中发现有商周时期的居住区、古城墙和墓葬区，并保存了几座奴隶殉葬墓和车马坑，地下遗存丰富，对研究我国北方地区古代历史有重要参考价值。

该遗址与历史学科中的政治制度和古代手工业的进步等知识息息相关，与良乡中学的校本课程《房山区文物古迹介绍》的内容也有很多的联系，通过对西周燕都遗址资源的挖掘，可以帮助学生更好地理解、掌握课本上的知识。

3. 资源开发有助于树立弘扬中华文化的自觉性，增强爱家乡的情怀和建家乡的责任

对西周燕都遗址的考察与开发，可以让学生体会到身边的中华文化及家乡

的悠久历史，引导学生明确关爱和保护文化遗产的重要意义，进而增强生活在家乡的自豪感，树立热爱家乡、立志建设家乡的主人翁的意识。

【资源开发策略】

1. 跨部门合作开发校本课程资源

良乡中学与西周燕都遗址办事处建立合作关系，双方在共同开展可持续发展教育的文化资源的基础上，探讨学校与遗址部门如何优势互补，形成合力，有效使用资源的方法。

2. 利用学科知识开发地域教育资源

该校的历史学科教师，利用历史学科人教版高中历史必修②的第 2 课《古代手工业的进步》的内容和必修①第 1 课《夏、商、西周的政治制度》等内容，开发遗址中相关资源，使得学生通过地域资源，获得对学科知识的理解。

【资源整合策略】

1. 确定利用资源的目标

知识与技能：了解西周燕都遗址的文物价值；了解文物遗址保护的方法；训练学生合作学习能力、搜集历史材料的能力。

过程与方法：通过对遗址的考察和信息整理，引导学生学会在合作探究过程中初步掌握探究的方法；通过对遗址的合作探究，学会用可持续发展的观点分析问题和解决问题。

情感、态度、价值观：使学生体会家乡的历史悠久，培养"爱家乡、建家乡"的情怀；让学生在小组互动中体验合作的快乐，培养团队精神和合作意识。

2. 明确利用资源的教育内容

（1）了解西周燕都遗址古迹，认识北京的悠久历史，感受中华民族博大精深的文明成就。

（2）通过学习文物保护的重要意义和方法，培养学生树立保护中华民族传统文化的意识，增强传承和发展人类文明成果的历史责任感。

（3）通过"给家乡旅游开发出谋划策"，培养学生逐步树立以人为本，全面、协调、可持续的科学发展观，形成关注和解决社会、文化、环境与经济可持续发展实际问题的责任意识。

3. 学科教学资源整合的方法（以历史学科为例）

历史教师在讲授高中历史必修①第 1 课《夏、商、西周的政治制度》时，借助遗址博物馆的照片以及实地考察，了解到夏、商、西周的奴隶社会，墓葬中多有奴隶殉葬，从而认识奴隶的悲惨命运，了解奴隶社会的阶级关系。

通过实地参观博物馆，与博物馆讲解员交流，理解西周的分封制和宗法制。引导学生研究、分析史料，了解西周分封制和宗法制的内容，归纳分封制和宗法制的作用及影响，初步掌握解读历史信息的方法。

资料 6 - 5

西周时期，武王灭商，封召公于燕。燕召公为燕国的开国封君（其本人并未前往就封），而由其长子就燕于治理封国之事。于是，燕国日渐强大，成为西周北方重要的诸侯国，其都城就设立在今琉璃河镇董家林古城。后来燕国兼并了蓟（今北京广安门一带），将都城迁到了蓟。约公元前 7 世纪，燕国并蓟国都于蓟城。该城逐渐淹没。

在学习历史必修②第 2 课《古代手工业的进步》时，讲到商周时期的手工业成就时，让学生观看遗址博物馆中出土的青铜器和精美的陶器、漆器、玛瑙器等图片，了解古代中国手工业取得的主要成就，对西周燕都遗址增加感性认识。

商周时期的青铜器

商周时期的陶器

4. 校本课程资源整合的方法

西周燕都遗址是良乡中学校本课程"房山区文物古迹大观"第四讲的主

要内容，对学生进行可持续发展的教育，主要开展如下环节的活动。

实地考察：通过文物介绍和开展社会考察活动，使学生感受历史与现实生活的密切联系，激励学生从多角度收集历史资料、认识历史，为今后学习提供经验和方法。

献计献策：通过"给家乡旅游开发出谋划策"，引导学生认识到家乡的发展必须走可持续发展之路。

保护践行：通过"文物保护之我行"，使学生了解文物保护的方法，并认识到保护文物的重要意义，树立尊重与弘扬本土文化的意识，为构建和谐社会尽自己一份力量。

【资源利用成效】

将西周燕都遗址博物馆作为一个区域资源，充分发挥了房山区区域资源在学科中的重要作用。将区域资源与教学任务紧密联系，这使得教育贴近学生生活实际，具有真实性，而且大大丰富了课程的内容，尤其对情感态度与价值观的形成发挥了非常重要的作用。

1. 教师成效

如何挖掘、开发并利用区域历史资源，把学生成长的环境作为学习场所，让学生感知身边的历史、关注社会发展，是一个值得探索的新问题。通过实地考察和搜集资料，自编教材，创造性地开发和建设了相关的课程资源，从而突破传统的教学方式，将生活和课堂打通，让生活为课堂教学服务，以课堂所学知识与技能指导生活。在这个过程中，教师利用身边资源的意识进一步提高；同时，拓展了教师的历史视野，教育教学形式上的创新意识也得到提高，这对于教师今后的发展至关重要。

2. 学生成效

通过教学活动，学生了解了家乡的文物古迹，感受到了家乡历史的悠久，懂得了保护文物和保护环境的重要性，能够正确认识旅游开发与文物保护相互促进的关系是实现可持续旅游发展的重要保障之一。课堂教学成为一个激发学生情感、引导学生探究的过程，学生带着这样的收获走向生活，使课堂教学的终点不是在下课铃响的那一刹那，而是真正延伸到学生的生活里、生命里，为学生的终身发展奠基。

学生感言：

　　通过学习，我们了解了家乡的历史，还学会了与他人合作，特别是对家乡的自豪感被激发出来，从而使我们更加自觉地热爱自己的家乡，并且认识到自己将担负起建设家乡、保护家乡的历史责任感。

北京市房山区良乡中学高二（1）班　刘　帅

（北京市房山区良乡中学王学文提供资料，李兆端、钱丽霞编写）

案例 5

国家非物质文化遗产教育资源：崔永平皮影艺术博物馆

【资源提供单位】北京市通州区马驹桥学校

【资 源 类 型】社区文化领域可持续发展教育资源

【资源整合模式】共栖共存模式

资源名称：崔永平皮影艺术博物馆
地理位置：北京市通州区马驹桥镇
管辖单位：崔永平个人管理
修建时间：2004 年

　　北京崔永平皮影艺术博物馆位于北京市通州区马驹桥金桥花园内，临近北京市通州区马驹桥学校。

　　中国非物质文化遗产"皮影"是中华民俗文化中的一朵奇葩，是中国民间工艺美术与戏曲巧妙结合而成的独特艺术品种，是中华民族艺术殿堂里不可或缺的一颗精巧的明珠，北京市通州区马驹桥学校将北京崔永平皮影艺术博物馆作为可持续发展教育文化资源，服务于学校课程改革和教学实践。

【资源价值分析】

1. 可用于传承中华民俗文化皮影的信息资源完整丰富

皮影戏是我国劳动人民智慧的结晶，被人们誉为电影的鼻祖，传遍世界。皮影戏是我国的劳动人民利用光和影的自然原理，巧妙地结合民族绘画和雕刻艺术，发明、创作的一种表现中国传统故事的戏剧形式，同时也是目前我国乃至世界唯一以平面造型为手段，直接进行表演的戏剧艺术种类。皮影艺术是中国古老的、濒临失传的民间艺术，它拥有从创作、制作到演出的一套完整体系，是民间艺术的瑰宝，属于保存相对困难的非物质文化遗产。距今已有2000多年的历史，比京剧还早1700多年，它集绘画、雕刻、音乐、歌唱、表演于一体。了解皮影文化有利于传承弘扬非物质文化遗产，是进行可持续发展教育的重要载体。

2004年，北京崔永平皮影艺术博物馆对外开放。馆内有藏品3万余件，展出1万余件，包括明、清、民国、抗战时期的皮影作品，河北、山东、四川、陕西等地不同特点的作品以及崔永平自己设计制作的部分作品。该馆展示了2000多年前皮影戏的产生过程和500多个别致的皮影头像。无论是善良的还是丑恶的，都能生发出一种熟悉亲切之感。馆内陈列着的人们熟悉的人物形象都向人们展示着皮影戏曾有的辉煌。其中，《山羊与狼》《哪吒闹海》《宝莲灯》《水漫金山》《小英雄雨来》等剧目都曾获艺术奖励。该馆的开放，为地处城乡接合地区的学生了解中华民俗文化皮影提供了丰富的资源。

2. 馆内有通晓皮影发展史、掌握皮影制作技术以及传播皮影艺术的专门人才

崔永平先生在任北京皮影剧团团长期间，出访德国、加拿大等国，见到这些国家建立皮影展馆，而中国作为皮影艺术的发源地，却没有完整的皮影艺术展馆，一直有创建中国皮影博物馆之念。终于在2004年建立起私人博物馆——北京崔永平皮影艺术博物馆。

该馆由崔永平先生出资主办，崔永平先生不仅通晓我国皮影艺术的发展历史，能够讲授皮影相关知识与艺术，还能够独立设计制作皮影、表演皮影艺术。

3. 馆内设有皮影艺术展示的空间

整个博物馆面积约250平方米，展览分制作工序介绍、皮影艺术展示、皮

影历史资料等内容。同时，还开辟了皮影制作和小型表演场所。可一次性接待
50 名学生。

【资源开发策略】

北京崔永平皮影艺术博物馆属于可持续发展教育文化领域的资源。北京市
通州区马驹桥学校将此作为学生传承中华文化、保护非物质文化遗产的触手可
及、亲身体验的学习基地，并组织相关学科教师挖掘博物馆可利用的教育资
源，开设"皮影艺术"校本课程。一方面结合学科特点传播皮影知识与技术，
例如美术课挖掘皮影艺术的元素，教学生绘制皮影；语文课挖掘皮影艺术展示
的相关内容情节，学习编写小故事；音乐课挖掘皮影表现形式的特点，让学生
体味、欣赏配乐对传播皮影艺术的效果。另一方面组建皮影艺术小组，学习设
计、制作皮影的技术，在实践中体味继承和弘扬皮影文化的魅力与价值，在全
校文艺演出以及到社区为居民展演自制的皮影戏。

【资源整合策略】

北京市通州区马驹桥学校和北京崔永平皮影艺术博物馆按照各自传播中华
文化的需求，采取整合资源、优势互补的共栖共存方式，开展可持续发展
教育。

1. 制定教育目标

通过对皮影艺术的学习，了解皮影艺术的历史、制作、表演等知识及其用
途和价值，同时提高学生的欣赏能力和审美水平，并且能简单分析皮影艺术的
造型特点并绘制一张皮影图片。

通过学习皮影艺术的绘制技术，使学生了解这门古老艺术的魅力，从而激
发学生对传统文化的了解、尊重，提高学生的想象力、创造力及动手制作绘画
能力，培养学生的审美情趣，提高其文化品位、陶冶情操，建立传承与保护中
华文化遗产的可持续发展价值观。

2. 明确资源利用的途径

利用北京崔永平皮影艺术博物馆资源和"皮影艺术"的校本课程，借助
皮影艺术专家的才艺，美术、音乐和语文教师互相配合，共同完成《继承皮
影文化瑰宝》教育教学任务。

3. 确定资源利用的方法

自主学习：通过网络收集有关皮影的知识、图片、视频等资料。

参观考察：参观皮影博物馆，听取崔永平馆长讲解皮影的相关知识，观看皮影表演，感受皮影的艺术魅力，激发学生对优秀传统文化的热爱和对弘扬祖国优秀传统文化的责任感。

实践体验：通过学生动手绘画制作皮影作品，激发学生对中华文化的深度了解。

创新设计：结合实际需要，研制赋有内容文化内涵的皮影，并编写故事及配乐，培养学生的想象力、创造力和动手能力。

宣传推广：组织在校内、社区传播推广活动，扩大皮影艺术的传播范围。

【资源利用成效】

通过对皮影艺术博物馆资源的开发与整合，挖掘整理出了独特的学校周边可利用教育资源——皮影艺术，并编写了校本课程，使这一古老的文化艺术得以继承、发扬光大。学校周边可以利用的教学资源更加丰硕了，学校也形成了自己的独特的教学特色，成为通州区第一个有皮影艺术团的学校。

通过可持续发展教育资源的课程化，教师的角色发生了转变，不再只是一个单独的知识的传授者，而是成为了一个学生学习的引导者、解读者、创造者，成为学生的合作伙伴，增强了教师学习与研究的意识，通过不断的积极研讨，主动学习，不断充实自己。

通过可持续发展教育资源的课程化，给学生提供了一个学习的机会和发展的空间，让学生走出校门，亲自体验参与各种实践活动，使学生与社会生活紧密联系，建立起新型的学习方式，更促使学生情感、态度和价值的形成，培养了学生的动手能力和鉴赏能力，开拓了学生的眼界，增长了学生的知识。

教师感言：

学生通过对皮影这一古老艺术的了解、学习，提高了学生的欣赏能力，开拓了学生的知识面和动手操作能力。把美术课堂知识和社会生活中的现实应用相结合，提高了学生对美术的认识，增强了学习美术的热情。本课通过学生亲自动手绘制皮影艺术形象，加深了对艺术造型的理解和分析能力。使学生对中国古老文化产生了尊敬感，并产生了浓厚的兴趣，为继承发扬这一传统艺术打下基础。

北京市通州区马驹桥学校 刘雪强

学生感言：

我们在老师的带领下，参观了崔永平皮影艺术博物馆，并在课堂上亲自绘制了皮影艺术的形象，感到非常有意思。看着那些美丽动人的皮影作品，我们感到非常神奇，非常想了解皮影是怎么制作出来的。通过学习，我们不仅知道了皮影的制作方法、过程和表演技法。同时我们也知道了皮影的历史、价值。我们为我国有这么多好的文化遗产感到骄傲、自豪。如果有机会，我们一定要继承并发扬这一古老的文化艺术瑰宝——皮影。让它在我们这一代手中绽放更大的光彩！

北京市通州区马驹桥学校 软子健

（北京市通州区马驹桥学校提供资料，钱丽霞编写）

第三节　培养尊重文化多样性意识与行为的实例

案例 6

地区文化领域教育资源：琉璃渠中小学劳动艺术教育基地

【资源提供单位】北京市门头沟区河南街小学
【资　源　类　型】区域文化领域可持续发展教育资源
【资源整合模式】统筹合作模式·契约管理模式

资源名称：琉璃渠中小学劳动艺术教育基地
地理位置：门头沟区琉璃渠村
管辖单位：门头沟区教委
修建时间：2001 年

琉璃渠中小学劳动艺术教育基地（以下简称"教育基地"）位于门头沟区琉璃渠村，这个中国历史文化名村山清水秀，文化景点众多，琉璃制作工艺历史悠久，文化底蕴深厚，得天独厚的人文环境和极具特色的资源优势，为开展以"传播琉璃文化，体验琉璃工艺制作"为主的劳动艺术教育课程提供了教育资源，创设了良好的文化氛围。为落实新课程计划、开设综合实践活动课程、全面推进可持续发展教育提供了条件。

依托700年琉璃制造文化历史建立的门头沟区琉璃渠中小学劳动艺术教育基地作为一个地方课程、综合实践课程实践的基地，把艺术文化、艺术教育、能力培养、环保教育有机结合，既有参观，又有亲自动手实践。教学活动遵循以弘扬陶艺、琉璃文化为主线，以组织参观琉璃工艺制作活动为载体，开设了参观古迹、琉璃制品厂的琉璃文化熏陶课，开设了手捏成型、泥条盘筑、拉坯成型、泥板成型、注浆工艺、模印工艺、彩绘、施釉、雕刻等十多门工艺课。学生学习陶艺、琉璃工艺制作，既是劳动也是创作。教育基地作为弘扬和传承琉璃文化，体验琉璃烧造工艺，融学习、体验为一体的资源实践基地，具有开展文化领域可持续发展教育的资源优势。

【资源价值分析】

1. 琉璃文化源远流长，教育基地为中华传统文化传承和发展提供了资源背景

琉璃是中国人劳动生产中创造出的一种材料，它有着神秘璀璨、高雅瑰丽的光彩，被认为是中国人智慧的结晶，代表了中国古老的文化和艺术。素有"中国皇家琉璃之乡"美誉的门头沟区琉璃渠村作为中国历史文化名村因琉璃而声名远扬。琉璃渠村位于门头沟区三家店永定河古渡口西岸，是经历辽、金、元、明、清五朝的千年古村，琉璃烧造工艺是该村传承千年的技艺。目前，该村保存有规模完整的琉璃厂商宅院、北京唯一一座黄琉璃顶清代过街天桥、西山大道古道遗址以及数十套清代民居院落等建筑文物。

"没有琉璃渠，就没有紫禁城的金碧辉煌。"琉璃渠村明清时期被称做"琉璃厂"，自1263年起，该村就是皇家建筑材料琉璃的重要生产地。琉璃渠村烧制琉璃制品具有严格的流程和标准，制作琉璃要掌握抠、铲、捏、画、烧、装、挂、配、看、返十字诀，同时还要掌握绘画、雕塑、用色、火候等几十种工序。制作出的琉璃成品具有色彩绚丽、不怕水浸、耐风化的特点，至今依然为天安门、北京故宫、北海公园、颐和园、雍和宫等文物古迹提供建筑用琉璃构件、琉璃装饰品。据了解，该村的琉璃烧造技艺已经列入本市非物质文化遗产名录。

2. 琉璃烧造工艺精湛，教育基地为传统工艺的传承与体验提供了实践空间

教育基地拥有宝贵的教育资源：700多年琉璃烧造业历史，体现琉璃文化的古建筑以及四家琉璃制品厂，众多的琉璃烧造技师、工匠等。组织学生开展综合实践活动，挖掘这些社会资源的教育价值，注重将本地区的非物质文化遗产（琉璃文化）、琉璃烧造工艺等与可持续发展教育、地方课程的开发实施相结合，切实发挥基地教育活动化、实践化的特点和功能，为琉璃传统文化和琉璃烧造工艺的传承和发扬提供了教育机会和实践空间。

【资源开发策略】

琉璃文化是悠久的，琉璃文化是独特的，琉璃文化在中国和世界的影响是极为广泛的，琉璃文化应该是中国传统文化的标志。学校以琉璃渠中小学劳动艺术教育基地为依托开发琉璃渠村的琉璃文化，创设琉璃陶艺制作和艺术体验等实践课程，组织小学六年级、初中一年级、高中二年级学生到教育基地实施综合实践活动，广泛开展劳动艺术教育活动。将传统文化、传统工艺与地方课程构建与实施有机结合起来，有效达成了文化资源课程化的目标和效能。

【资源整合策略】

教育基地是北京市门头沟区教育委员会专门为该区的中小学综合实践活动开发的资源。该基地按照区教委的要求，与区域内的学校建立联系，并统筹安排各学校学生实践活动。

1. 制定教育目标

通过综合实践活动课程，使学生对我国的陶艺和独特的琉璃文化有一个更深刻的了解，增加课外知识。通过实践活动，培养学生观察、设计、动手、想象、创造的能力，培养学生的合作解决问题的能力。通过实践活动，增强学生对家乡传统文化的了解，激发学生知家乡、爱家乡的情感，使学生树立为家乡的发展而努力学习的意识，培养学生为家乡的发展不怕困难、勇往直前的良好品质。

2. 明确资源利用的途径与方法

学科教学：琉璃文化资源丰富了国家课程的学科教育内容，在语文、美术、劳动等学科中都可以得到充分体现。例如语文课就可以从文化的角度直接

切入，体会传统文化的内涵，还可以让学生把观察、感悟、理解到的收获记录下来，进行写作训练。美术课可以把学生作品、琉璃展品以照片的形式引入，让学生观察、描摹、欣赏。劳动课利用这些资源，改变教学方式，丰富教学材料，让学生开阔眼界。

实践活动：全区六年级学生每年要完成三天的实践活动课程。

地方课程：教育基地编制了地方教材《门头沟区中小学综合实践教程——琉璃·陶艺制作》，有效落实了地方课程的构建与实施。

【资源利用成效】

教育基地推进可持续发展教育的切入点选得准、形式新、方法灵活，充分利用地区资源优势，推进可持续发展教育力度大，依托政策支持，将历史文化、艺术教育、能力培养、陶冶情操、爱国主义教育、环境保护教育等有机结合，充分发挥了教育基地的教育功能。

学生深刻地感受到了琉璃文化，感受到琉璃工艺制作的魅力，激发了民族自豪感，陶冶了情操，提高了综合素质，培养了实践能力和敢于创新等良好个性品质。教育基地凭借着深厚的文化底蕴和让学生自己动手、亲身实践的教学方式，感受琉璃文化，学习工艺制作已经成为学生最喜爱的实践活动，用各种造型表达对社会的观察与思考，对生活的感悟理解，学生在学习后把自己的所思所想所感的印迹留在了笔墨上，写了大量的小品文，表达了生活在"琉璃之乡"的自豪。

学生感言：

　　通过这次综合实践课，我不仅知道了关于琉璃之乡的知识，更重要的是懂得了一些琉璃品的制作过程。我们的祖先是多么的伟大！多么的了不起！竟然用自己无穷的智慧，创造出了如此精美的艺术品。我最想对祖先说的一句话是："祖先，你们真是太了不起了，你们仍然是我们学习的榜样。"

北京市门头沟区河南街小学　赵　蒙

学生感言：

　　两天的实践活动使我们不仅了解了琉璃文化，掌握了制作工艺，还感悟了许多道理。在手捏成型中，我明白了不要急于求成，要脚踏实地一步一步完成；模印课上，我知道了要懂得与他人合作，分享是一种快乐；石膏翻制时我体会到：信心＋恒心＋耐心＝成功。

北京市门头沟区河南街小学　杜争世

学生感言：

　　在琉璃渠社会实践课上，我学会了用泥制作各种各样的东西，有花摇、房子、拉坯等，不仅锻炼了我的动手能力、创造能力，而且使我感受到了琉璃艺术深厚的文化内涵。我愿做一名小小的志愿者，将琉璃文化传播给世界各地的人，使他们记住北京，记住琉璃……

北京市门头沟区河南街小学　李　楠

（北京市门头沟区河南街小学提供资料，刘淑蕊编写）

第七章 整合农村环境领域可持续发展教育资源实例

加强环境领域中可持续发展教育，培养具有较高环境意识和素养的人，是有效解决环境问题、实现可持续发展的前提和基础。

可持续发展教育视角下环境领域的教育内容包括：气候变化教育、生物多样性的保护教育、环境污染与防治教育、自然灾害防御教育等。

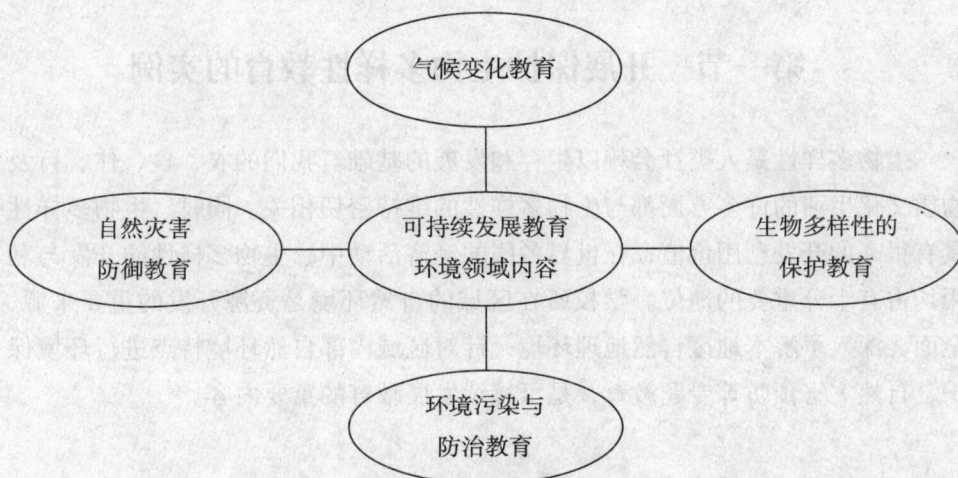

图 7-1 可持续发展教育环境领域内容

农村地区环境领域可持续发展教育资源十分丰富。许多农村学校依山傍水，开展生物多样性保护和环境污染与防治等专题教育具有得天独厚的优势。例如，地处学校周边的北京市门头沟区灵溪科普教育基地、房山区刺猬河、房山区大石窝石材之乡、平谷区大溶洞、怀柔区怀柔水库、密云县大城子清水河、通州区凉水河、顺义区杨镇汉石桥湿地、湖北省的第一大湖泊洪湖等。除此之外，许多农村学校还开发了校内外学生生物实践基地，包括北京市密云县大城子中心小学学生生物实践基地、北庄小学综合实践基地、顺义区北石槽中学科技教育园区、怀柔区杨宋中学校内植物园、昌平区大东流中心小学学生种植园等。

开发与利用农村环境领域可持续发展教育资源，有助于帮助学生关注人与自然、人与人和谐相处，协调发展。可持续发展教育资源与课堂教学有机结合，促使学生进一步了解可持续发展的思想内涵。

参与本研究的学校依据地域发展的实际特点，开发出农村环境领域可持续发展教育资源，并与学校教育资源有机整合。本部分包含四个案例，包括北京市门头沟区河南街小学利用"灵溪科普教育基地"开展生物多样性保护教育的实践案例；以密云县大城子中心小学学生生物实践基地为例，分析开发利用校内外基地进行环境教育的实践案例；房山区良乡中学通过引导学生对该地区刺猬河进行关注与监测开展环境污染与防治教育；湖北省洪湖市第一小学使用以洪湖治理为题材的地方教材《我爱母亲湖》开展环境保护教育。

第一节　开展保护生物多样性教育的实例

生物多样性是人类社会赖以生存和发展的基础。我们的衣、食、住、行及物质文化生活的许多方面都与生物多样性的维持密切相关。同时，生物多样性具有很高的开发利用价值，在世界各国的经济活动中，生物多样性的开发与利用均占有十分重要的地位。学校所在区域的自然环境是资源开发的重要来源，全面、深入了解本地区自然地理环境，针对区域内部自然环境特点进行环境保护、自然灾害预防等专题教育，是可持续发展教育的重要内容。

案例 1

灵溪科普教育基地

【资源提供单位】北京市门头沟区河南街小学
【资　源　类　型】区域环境领域可持续发展教育资源
【资源整合模式】合作共建共享管理模式

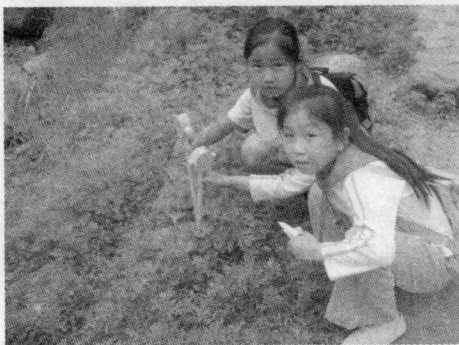

资源名称：灵溪科普教育基地
地理位置：北京妙峰山西麓、永定河以东、苇甸沟下游，距市中心42公里，占地面积约5000亩，毗邻109国道
提供单位：北京市门头沟区河南街小学

【资源价值分析】

1. 灵溪科普教育基地治理前后自然环境的变化是对学生进行可持续发展教育最生动的教材

灵溪科普教育基地地处北京市小流域治理示范区，长达十几年的综合治理，使山区面貌发生了巨大的变化。昔日山秃水少的状况已逐步被青山茂林、溪水潺潺的景象所代替。教育基地结合自身情况，以"地球，我们共同的家园"为主题，精心设计了一系列的实践活动，如种下绿色树保护母亲河、参观教学习小流域治理示范区、参观教育基地气象站、自行设计制作植物标本、认识和学习新能源等活动，力争通过丰富多彩的实践活动，使学生们将所学到的生态环保知识，内化成自己良好的行为习惯。

2. 灵溪科普教育基地是学生理论联系实践的有效场所，为学生提供了丰富的教育内容

灵溪科普教育基地以当地自然资源为依托，以生态环保教育为主导，培养学生生态环保意识。基地设有生物展室、多功能教室、青春健康教室、气象观测站、太阳能发电站、小流域治理示范区域。这里植被茂密，动植物资源丰富，常年溪水不断，环境优美整洁，空气清新，教育基地内外秩序井然，是广大青少年和科普人士开展生态、科普考察的理想场所，是青少年学生学习生态环保知识，进行可持续发展教育的实践基地。

【资源开发、利用与整合策略】

北京市门头沟区河南街小学以"地球,我们共同的家园"为主题,精心设计了一系列的实践活动,开展可持续发展教育。同时,学校还结合"走进灵溪"校本课程中《关爱生态环境》和《认识可再生能源》等单元内容,结合基地教育资源,开展专题教育。具体策略有以下几方面。

1. 制定教育目标

借助灵溪教育基地,在中小学开展生物多样性保护教育是为了帮助学生认识到多种多样的生物在自然生态中的重要作用,理解生物多样性保护的重要意义,建立尊重身边各种生命的观念和保护生物多样性的意识。通过开展生物多样性保护教育,学生应学习到关于生态系统、生态平衡、生物在生态系统中的作用等方面的基础知识,关注当地濒危动植物的保护情况,积极参与到当地生物多样性保护的行动当中。

2. 明确资源利用的途径与方法

通过学科教学、综合实践、专题教育、班团队会等方式发挥资源优势,让学生的学习从课堂上扩展到自然、社会中,如通过参观动物标本展室,参加野炊、体能训练等活动,使学生在实践与体验中受教育。为学生提供真实的学习情境和问题情境,印证书本知识,引导学生通过考察、收集整理资料、讨论探究和汇报成果这一系列学习过程,能够达到提高学生的学习兴趣,加深对教材的理解,达到学习知识、道德养成、潜能开发和个性发展的教育目的,进而提高学生的科学素养和生态环境意识。

(1)学科教学

该资源可以与科学课、语文课、劳动课结合。科学课本上的很多知识和实验都可以与基地资源结合起来讲授、观察、讨论、操作;三年级语文有"制作小报"的综合实践活动,将其和学生在基地的活动相结合,学生在完成制作小报任务的同时,教师还可以让学生记录自己的感受、收获,提高写作水平;劳动课可以引导学生观看基地中的劳动工具图片,补充介绍相关知识。

(2)教育活动

教师就学生参加基地活动的内容或发现的问题开展专题教育活动。

(3)"走进灵溪"校本课程的利用

"走进灵溪"校本课程分为四个单元:关注生态环境、认识可再生资源、了解劳动工具、认识农作物。利用教育基地资源，结合校本课程，对学生开展专题教育。

【资源利用成效】

教育基地人员加强了研究的力度，依托优质资源，积极研发了以"走进灵溪"为主题的社会实践大课堂读本，作为学生来基地参加活动的指导性材料。通过可持续发展教育的实施，基地的影响力正在不断扩大。

在这一过程中，辅导教师成为学生实践、探究过程的引路人。因此，教师队伍素质得到提高，拓展了教师知识面，增强了教师理论联系实际的能力。

学生充分感受到自然生态环境的恬静与优美，油然而生爱护家园之情。通过参观标本展示，了解科普知识，学生开阔了眼界，丰富了知识。通过参加野炊、收获红薯等活动，提高了学生的综合素质和实践能力。学生在实践过程中体会到生态环保的重要意义，培养了他们保护生物多样性的意识，有助于调动学生的积极性，让他们能够积极参与到当地生物多样性保护的行动当中。

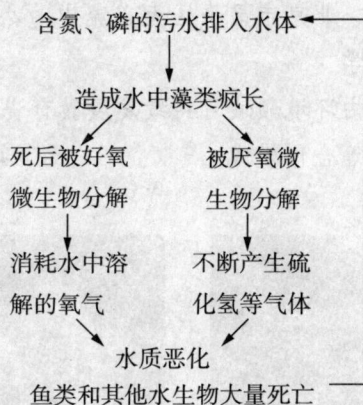

含氮、磷的污水排入水体

↓

造成水中藻类疯长

死后被好氧　　　被厌氧微
微生物分解　　　生物分解

↓　　　　　　　↓

消耗水中溶　　　不断产生硫
解的氧气　　　　化氢等气体

水质恶化

鱼类和其他水生物大量死亡

图7－2　水质污染过程

学生感言：

如果你问我为什么喜欢这里，我会告诉你：这里有高而美的山，碧而清的水，红而艳的花，佳而尚的人。如果你问我为什么羡慕这里，我会告诉你：这里可以品尝到别有风味的野菜；可以呼吸新鲜的空气；可以逃离"闹市"，进入"静场"。不管你问我什么，我都会说喜欢。这只有一个"缺点"——把我的心牢牢抓住。灵溪，你像一个图钉，我的心像一面墙，我们紧紧钉在一起。那是我们的缘分。

北京市门头沟区河南街小学　杨雪涛

（北京市门头沟区河南街小学提供资料，徐新容编写）

案例2

校内外学生生物实践基地

【资源提供单位】北京市密云县大城子中心小学、北京市密云北庄中心小学、北京市昌平区大东流中心小学、北京市怀柔区杨宋中学

【资　源　类　型】校内环境领域可持续发展教育资源

【资源整合模式】统筹合作模式

资源名称：学生生物实践基地
地理位置：密云县大城子中心小学校内
提供单位：北京市密云县大城子中心小学

密云县北庄小学师生在综合实践基地活动

密云县北庄小学师生在生物实践基地拔草

资源名称：学生综合实践基地
地理位置：密云县北庄小学学校周边
提供单位：北京市密云县北庄小学

怀柔区杨宋中学校园内绿植护植活动

昌平区大东流中心小学学生种植的扁豆

资源名称：校内种植园
地理位置：学校校内
提供单位：北京市昌平区大东流中心小学、北京市怀柔区杨宋中学

【资源价值分析】

1. 农村地区丰富的自然资源为可持续发展教育的开展提供了便利条件

校园基地和环境资源对可持续发展教育实施来说，是一种情境性素材资源，也是一种条件性资源。与城市学校相比，农村学校的环境资源尤其是自然

资源更加丰富，如天然植物、农业基地、山川河流等当地的自然资源，为学校进行自然环境保护和生态环境维护等主题的可持续发展教育教学活动提供了便利条件。因此，在利用校园基地和校园环境进行可持续发展教育中应考虑农村学校本身与城市学校的差异，体现农村学校的特色，而这些特色恰恰是城市学校所不具备的条件，也是农村学校的优势资源。

学校充分利用当地特有的教育资源，因地制宜地对校园环境进行生态设计，提高校园基地和环境资源的利用效率，能够充分发挥这些资源的潜在教育价值，其结果不仅有效避免了千篇一律的办学风格，而且还将农村中小学特有的优势较好地表现出来，提升了学校品位，办出了自己的特色。

2. 农村学校校内外学生生物实践基地的开发充分发挥了环境建设的育人功能

农村学校校内外学生生物实践基地的开发，为教师开展教研、科研、教学活动搭建了良好的平台。在学生生物实践基地，学生能够结合国家课程中的科学、自然、美术、劳技、语文、数学等学科所学的知识，亲身实践体验种植、管理、采摘的过程与乐趣，了解家乡所蕴藏的宝贵的自然资源，培养热爱家乡、热爱生活的情感，培养生态环保与可持续发展的理念和情感。

【资源开发、利用与整合策略】

北京市密云县大城子中心小学依托山区自然资源，建设了校内生物实践基地，学生亲自在大城子深山中采集植物药材种植于校园生物实践基地中，并在植物专家团队的支持下，对所有植物都进行了准确的鉴定。同时开发以综合实践活动为主的校本课程，其内容涵盖了研究性学习、劳动技术和社会实践三个领域，包括和植物交朋友、和动物交朋友、栽培与种植、了解家乡和认识家乡几大部分，并将其用于学校教育活动之中。该实践基地的建设全部由师生自主开发，进行科学化管理，成为农村学校校园环境建设、科技教育资源利用的典范。具体策略有以下几种。

1. 制定教育目标

学生在校内生物实践基地通过体验、参与、探究式学习活动，认识家乡的植物及植物多样性，培养初步的科学研究的能力（调查、分析、解决问题的能力等），进而体会生物多样性的意义及人类与生物和谐相处的重要性；培养学生对生物研究的兴趣，养成保护植物的习惯。亲近自然、热爱自然，树立热爱家乡、建设家乡的观念和思想。

2. 明确资源利用的途径与方法

（1）国家课程

该资源可以用于国家课程科学、美术、劳技等学科的教学。

例如，北京市义务教育课程改革实验教材《科学》课第一册第二单元《人与植物》的教学目标，包括：让学生认识各种各样的植物、各种植物的花、落叶和不落叶植物；认识几种常见的栽培植物及栽培植物的用途；了解1—2种栽培植物的播种、管理和收获等过程；制作植物标本；了解人类与植物的关系，体会人与植物和谐相处的重要性；知道怎样保护植物，培养分析问题的能力。该单元中设有三个分课题《植物世界》《栽培的植物》《保护植物》，教师可以把这一单元三个主题融为一体，利用一课时的时间带领学生认识植物、利用课余时间采集植物、制作植物标本；让学生亲身参与实践活动，了解栽培植物的播种、管理和收获的过程，体验劳动和学习的乐趣，同时培养科学探究精神。让学生对植物特别是珍稀的植物资源有更多的了解，学生才能够有意识、有能力保护植物。

再如，北京市义务教育课程改革实验教材《美术》课第12课《多彩的秋天》，美术教师带学生到基地里去观察，感受自然的美，认识秋天里的主要颜色，培养学生对秋天美的感受；并采集秋天的果实、花卉、叶子，制成粘贴画，表现秋天，培养学生的综合能力，引导学生在广泛的文化情境中认识美。第23课《美丽的大自然》，美术教师教学生收集"大自然的礼物"，感受大自然不同的美感（如博大之美、力量之美、秀丽之美、平静之美、神秘之美等）。该资源为美术课创设了情境，为学生进行素描、写生等活动搭建了平台。

又如，北京市义务教育课程改革实验教材《劳动技术》第五单元《小种植》，三年级至五年级均有了解植物与生活、植物与环境之间的密切关系，了解种植的基本技法，并进行种植实践，学会基本技法等具体内容。这些课中，劳技教师带学生到基地去亲身参与实践，使学生能够及时、准确、科学地掌握方法、技能，同时还培养了他们喜欢植物、热爱自然、保护植物与自然的意识；在小组合作的实践活动中，培养了团结协作、热爱集体、热爱劳动的意识。

（2）地方课程

北京市中小学地方教材《环境与可持续发展》中的《走进绿色校园》《走进大自然》《宝贵的资源》三课教学均可与该资源相联系。教师带领学生认识绿色校园，访问"植物园"、"校园植物"，认养基地中的植物；用画笔描绘植物园，用歌声抒发对大自然的热爱；感受四季的变化，赞美四季；同时通过认识基地中的珍稀药材植物，培养同学们保护植物资源的意识和情感。

（3）校本课程

学校校本课程一年级至六年级的教材中，分别有"认识植物的果实"、"了解植物的种子"、"植物的栽培管理"、"制作标本"、"植物艺术创作"、"传承祖国中医药文明"、"做个小药农"、"认识鲤鱼"等内容。教师带领学生，根据时节和课程安排，亲身实践参与活动。开展了"药材十小"活动（争当垦荒小勇士、小设计师、小药农、小神医、小画家、小科学家、小博士、小园丁、小讲师、小富农）；"我与药材共成长"系列活动；"自然讲堂俱乐部"活动；"药材进农庄"系列活动等。这些活动的开展锻炼了学生的能力，培养了他们热爱自然、热爱科学、热爱劳动、热爱家乡的情感，也开阔了眼界。

【资源利用成效】

利用可持续发展教育理念把学校教育与校内资源进行整合，形成了具有地方特色的教育模式，充分发挥了资源优势，解决了学校教育说教过重的问题，在教育形式上让学生的学习从课堂上扩展到自然中，开阔了学生的眼界。

通过可持续发展教育资源课程化，使教师的角色发生了转变，不再单纯地只是一个知识的传授者，而是成为了一个学生学习的引导者、解惑者，成为学生的合作伙伴，增强了教师学习与研究的意识，通过不断的积极研讨，主动学习，不断充实自己。

通过可持续发展教育资源课程化，给学生提供了一个学习的机会和发展的空间，让学生走出教室，亲身体验参与各项实践活动，使学生与自然生活密切联系，建立起新型的学习方式，更促使学生情感、态度和价值观的形成，培养了学生的动手能力以及创新能力。学生能够独立或者合作进行研究性学习活动。

学生感言：

　　通过活动，我深深感受到自然的无穷魅力，植物王国的奇妙。我知道了植物是有生命的，我与它们仿佛成了朋友，让我感到只有人与自然和谐相处，才能创造更美的生活和环境。这些实践活动还让我学习了怎样与人相处，使我建立了自信，有了成就感，同时也体验到了科学的力量。我知道，解决一个个未知的难题，就像攻下一个个堡垒，我们体验这个过程，分享这份快乐，幸福极了。

北京市密云县大城子中心小学学生

（北京市密云县大城子中心小学提供资料，徐新容编写）

第二节　开展环境污染防治教育的实例

　　可持续发展教育中的环境污染防治教育要求学生了解当地环境污染情况，关注当地的污染防治现状，能够运用所学知识，分析和解决身边的实际问题，积极参与到当地污染防治的行动中。农村学校与山川河流相邻，为学校进行环境污染防治为主题的可持续发展教育教学活动提供了便利条件，如北京市通州区马驹桥学校、通州区漷县镇中心小学、房山区良乡中学、怀柔区杨宋中学对河流（凉水河、京杭大运河通州段、房山区刺猬河）、水库（怀柔水库）、地下水的变化，水体污染与防治方面进行了实践探索并取得了一定成效。

案例 3

北京市房山区刺猬河

【资源提供单位】北京市房山区良乡中学
【资 源 类 型】区域环境领域可持续发展教育资源
【资源整合模式】统筹合作模式

刺猬河

　　刺猬河发源于崇青水库主坝下，全长 16.8 公里，从北京市房山区良乡卫星城中心穿过，流经良乡镇的东石羊村入小清河，是一条贯穿良乡城的城市河道，也是城内最大的一条排洪河道。刺猬河曾经一度因未经处理的工业废水和生活污水直接排入河道而成为一条污水河，污染极其严重。由于垃圾堆积，使得部分河段出现了堵塞的现象，导致下游河道生态环境遭到破坏，杂草丛生，鱼虾死亡，这不仅大大降低了刺猬河的防洪排水能力，还影响到了良乡新城的生态环境。经过多期整治工程之后，刺猬河有了很大的变化。目前，刺猬河已经成为一条生态自然景观河流。整治后的刺猬河设有亲水平台、小桥及自然沙石等景观，实现了人与自然的和谐相处。

【资源价值分析】

　　1. 学以致用

　　刺猬河受污染状况的研究及开展整治的过程涉及的知识与化学、生物学科中水污染的问题和生态系统等知识有关，同时也与校本课程"生物多样性"的内容有很大的联系，通过对刺猬河的了解，学生可以结合当地的问题更好地掌握课本上学到的知识，学以致用。

2. 体会环境保护与可持续发展的重要意义，培养有责任感的合格公民

利用刺猬河治理前后的变化作为资源，让学生深入地了解身边水资源的状况，体会治理工程的重要性及紧迫性，进而培养学生树立关爱环境，珍惜和爱护水资源的环保意识，渗透全面、协调、可持续发展的理念。

【资源开发、利用与整合策略】

北京市房山区良乡中学对校外区域环境领域可持续发展教育资源刺猬河进行实地考察与监测，开展可持续发展教育。具体策略有以下几方面。

1. 制定教育目标

通过调查良乡地区的刺猬河水体污染及防治措施，训练学生搜索信息和处理信息的能力；通过研究探讨水体污染的形成原因及危害，寻求有关治理水污染的方法与途径，进而关注生态环境问题（水污染、生物多样性下降等）；以刺猬河的综合治理为例，分析生态系统的结构和功能，深入探讨一种以人为本、回归自然、人与自然和谐相处的可持续发展理念。

2. 资源利用的途径与方法

实地监测与考察：学生通过实地考察，了解刺猬河水体污染的状况及危害，调查刺猬河水体污染的防治措施，激发学生责任感和求知欲望，引发学生环境保护意识。

学科教学：该资源与生物学科浙科版高中生物必修③《稳态与环境》第七章"人类与环境"第三节"人类对全球环境的影响"中有关水体污染的内容有直接的关系。运用该资源的具体方法有以下几方面。

① 在教师简单介绍我国的水资源相对贫乏的情况后，学生通过身边的水资源问题来探讨水体污染的原因及危害。学生展示刺猬河受到严重污染时的照片。学生相互讨论和交流造成刺猬河受到污染的原因，居民生活垃圾、生活用水和工业区工业废水的排放等造成河流污染。教师做适当的补充，并在此基础上，强调水体染污造成水体富营养化的原因及危害。

② 在引导学生分析水体富营养化的原因及危害后，出示赤潮及水华的图片，播放视频《水俣病》，引起学生对水体污染的高度关注。

③ 教师引导学生进行自由讨论，从生物学科的角度分析治理措施。

④ 教师与学生交流房山区刺猬河综合治理工程的设计思路，在遵循自然发展规律的基础上对自然型生态河道进行治理，整个设计采用了生态、自然的手段，因地制宜，创造了不同的生态自然景观，体现以人为本、回归自然、人与自然和谐相处的设计理念。

校本课程： 利用校本教材《生物多样性》第四章《资源环境与可持续发展》中涉及的有关水污染的问题，让学生深刻地认识到，人类活动引起的生态破坏超过了生态系统自我调节的功能，会造成很严重的后果，甚至会危及人类的生存。使学生通过身边的例子，意识到当前全球性生物多样性危机日趋严重。利用校本课程，重点在于培养学生的环境保护意识和保护生物多样性的意识，树立人与自然和谐相处的观念，渗透可持续发展的重要理念。

【资源利用成效】

将区域可持续发展教育资源刺猬河与生物、化学学科结合，使教育教学形式更加生动。学生在收集资料的同时，教师也对该资源展开进一步的了解，在这个过程中，教师的研究意识得到了进一步的提高；教师通过指导学生交流讨论，自身的素质也有所提升；同时，教师在教育教学形式上的创新意识也有所提高，这对于教师今后的发展至关重要。

以刺猬河为对象开展研究，为学生提供了一个学习和交流的平台，学生已经深刻地意识到环境污染带来的危害，并了解到这种危害不是瞬间形成的，而是河流受到污染后超过了自然环境的自净能力，导致生物多样性降低而形成的。经过科学的治理工作，虽然能够恢复刺猬河本来的面貌，然而工期长、耗资巨大。在调查讨论的过程中，学生不仅提高了合作交流能力，还深深地体会到保护环境的重要性与紧迫性。

学生感言：

通过对自己身边河流的了解，我们深深地感觉到水体污染不仅对生物多样性有很大的威胁，对于我们人类的生存和发展也有很大的影响。从刺猬河的整治过程中，我们也深深地体会到了河流污染后要想再治理的难度。所以，我们应该从我做起，从现在做起，走可持续发展的道路，为以后着想，保护我们的环境，保护我们的家园。

北京市房山区良乡中学高一　付　星

（北京市房山区良乡中学提供资料，徐新容编写）

案例 4

洪湖《我爱母亲湖》

【资源提供单位】湖北省洪湖市第一小学

【资　源　类　型】区域环境领域可持续发展教育资源

【资源整合模式】共栖共存模式

洪湖，湖北省的第一大湖泊，中国的第七大淡水湖，典型的低地浅水湖泊，不可多得的天然物种基因宝库。但自 20 世纪 60 年代以来，由于人为的原因，其综合功能已全面退化。其严重的生态灾难引起了媒体的关注，《人民日报》质问："秀美洪湖为何风光不再现"；《人与自然》呐喊："拿什么拯救你——洪湖"；新华社内参呼吁："洪湖负痛到几时"；《湖南日报》打起了"洪湖保卫战"；《湖北日报》更是连篇累牍，篇篇"热别关注"……许多专家学者、有关部门领导纷纷来到洪湖考察，进行调查、分析、研究、论证，最终形成了保护洪湖的议案，并将保护洪湖的规划变成了实质性的行动。在这一背景下，2005 年 7 月，地方教材《我爱母亲湖》应运而生。

【资源价值分析】

洪湖是一个因为人为活动遭到破坏走向死亡、而又因为人为努力得到恢复走向新生的典型生态环境，它的变化就是典型的可持续发展教育的案例。

地方教材《我爱母亲湖》开发的全过程，既注意全面体现可持续发展教育的理念，又注意紧密结合当地的实际，是可持续发展教育本土化的一次新探索。

【资源开发、利用与整合策略】

湖北省洪湖市第一小学依托《我爱母亲湖》这一地方教材，通过各种形式的教育活动，让学生了解洪湖的过去，认识洪湖的现在，展望洪湖的未来，并在此基础上帮助孩子们认识湿地，萌发保护洪湖的愿望，开展保护洪湖的行动。具体策略有以下几方面。

1. 制定教育目标

借助《我爱母亲湖》地方教材，通过教学让学生认识到人与自然、人与环境、人与人、人与社会相互依存、相互作用的密切关系，形成人人爱家乡、人人爱自然、人人爱地球的意识，促进资源节约型、环境友好型社会的建设，促进人与自然、人与社会和谐发展，促进学校可持续发展教育的有效、深入开展。

2. 明确资源利用的途径与方法

课堂教学：以《我爱母亲湖》教材为依据，通过课堂教学，让学生获得生态农业、绿色食品、食物链、珍稀动植物、湿地、水资源等相关知识，如开设"水的变化""洪湖美食"等课。

调查分析：通过让学生走进洪湖、走进湿地，自己去调查，去亲身感受洪湖的面貌及湿地保护状况。培养学生热爱洪湖、保护湿地、维护洪湖可持续发展的情感。

实践活动：开展系列实践活动，如"延长一张纸的生命"、"让洪湖水永远清甜"等，把环境教育与学校诗文教育进行整合。让学生在古诗文的诵读中，触摸到生态文化，感受诗人笔下描述的优美环境，产生保护环境的情感，促进自身可持续发展价值观的形成。培养健康的行为习惯和生活方式，同时提高教师的可持续发展教育能力。通过生活实例感受环境变化与发展，激发学生产生热爱自然和祖国秀丽河山的情感。

学校、家庭、社区相结合：环境教育单靠学校的教育过程来完成，自然会显得单薄，甚至力不从心。它需要家庭与社会的配合与支持。这种学校、家庭、社区相结合的模式，能使学生掌握获取知识和研究问题的能力，培养他们的创新意识和实践能力，让学生最终树立保护环境的主体意识，做环境保护的主人。

【资源利用成效】

1. 对环境保护的认识大大提高

依托地方教材《我爱母亲湖》让师生了解洪湖的过去、现在，通过走进洪湖，开展湿地调查，进行社区实践活动，让师生明白了什么是"洪湖可持续发展"。加深了对环境保护的认识，理解了可持续发展教育的重要性、必要性和紧迫性。

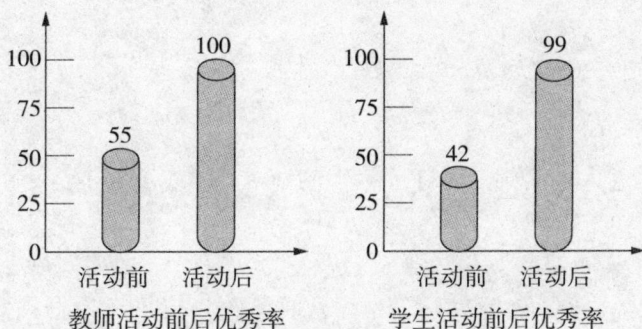

图 7 – 3　师生情感行为变化对比

从柱形统计图来看，师生通过课中涉及的水污染、空气污染、水土流失和水资源的破坏、农业生态的破坏，结合洪湖环境实际情况，认识到了保护环境的紧迫性、重要性，萌生了要保护环境的热情与愿望，师生情感行为优秀率上升幅度非常明显。

2. 促进学生保护环境良好行为习惯的养成

师生自觉养成了环境保护的行为习惯。如不用一次性用品；不乱扔废旧电池；学生看到有人在市场卖青蛙肉，勇敢举报；师生看到有人在洪湖围网养鱼、捕捞，主动向有关部门反映。有效促进了学校环境教育工作，促进了社区环境的改观。具体活动见表 7 – 1。

表 7 – 1　师生活动效果表

活动形式	活动效果
社区调查，环保宣传	密切了社区联系，构建了环保教育网络
管好自己的手，用好自己的手	保证了校园的洁净，促进了社区环境的整洁
回收废纸、旧电池	懂得了节约，懂得了如何利用资源
环境小卫士	对保护洪湖资源、农业生态平衡，起到了积极作用

实践证明，设计丰富、有效的活动，给学生参与环保的时间、空间，让他们亲身经历、感受、认识，产生自觉、主动的环保行为，这对于学生形成正确的环保价值观、生活习惯、环保行为有着实际意义，它远比空洞的说教有效得多。

（湖北省洪湖市第一小学提供资料，徐新容编写）

第八章 整合农村经济领域可持续发展教育资源实例

针对我国当前可持续发展的需求，学校可从与学生生活密切相关的循环经济、绿色消费、可持续城市化以及农村发展等经济领域中的问题入手，让每个学生学到可持续价值观念、行为和生活方式。（罗洁 等，2008）

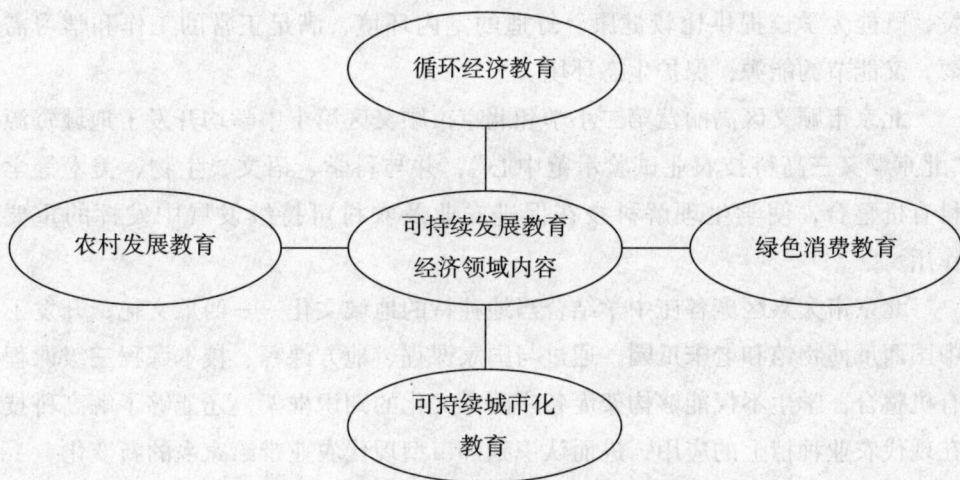

图 8-1 可持续发展教育经济领域内容

农村经济领域可持续发展教育资源十分丰富，结合农村地区特有的地域文化，开发与利用农村可持续发展教育经济领域资源，有助于学生了解农村经济发展中的现状与问题，加深对经济增长的作用和局限的认识，掌握经济增长对社会和环境产生的影响，学会同时从环境和社会角度出发来评估个人和社会的消费水平。

参与本研究的学校依据地域发展的实际特点，开发出农村经济领域可持续发展教育资源，包括地域与学校"节能减排"设施的开发，体现以科技为核心的现代都市型农业发展趋势的教育基地的开发等，并与学校教育资源有机整合。本章列举了五个有特色的实践案例。

北京市顺义区杨镇第二中学利用学校水电站模型，与物理学科和学校校本课程内容有机整合。一方面，学生可以在实践中理解课堂中所学到的知识，并尝试用所学知识解决现实中的问题；另一方面，学生还可以在实践中感受我国古代劳动人民的聪明智慧和伟大的发明创造，利用水资源，实现水能—机械能—电能的转化，进而认识当前的能源危机，从小树立节能环保的可持续发展的意识。

空调温度控制器是北京市顺义区第十中学教师的"节能减排"的一个发明。空调温度控制器的安装在学校起到了很好的效果，节约了大量能源，因此，教师将这一资源引入高中的通用技术课，使学生在更广泛地了解技术的同时能够学会合理设置空调温度，科学管理空调的运行。"节能减排"设施的开发，既能为学校提供比较健康、舒适的室内环境，满足正常的工作和学习需要，又能节约能源，保护生态环境。

北京市顺义区高丽营第二小学和北京市顺义区第十中学均开发了地域资源"北京顺义三高科技农业试验示范中心"，并与科学、语文、生物、美术等学科有机整合，使学生理解科技在促进农业及农村可持续发展中发挥的重要作用。

北京市大兴区庞各庄中学结合当地独特的地域文化——西瓜文化，开发了中国西瓜博物馆和老宋瓜园，通过与国家课程、地方课程、校本课程三级课程有机整合，学生不仅能够构架庞各庄西瓜文化的知识框架，还能够了解高科技在现代农业种植上的应用，进而认识到都市型现代农业带给家乡的新变化。

此外，很多农村学校有科技教育基地，北京市顺义区高丽营第二小学与北京市顺义区北石槽中学就充分利用了这一校内资源，通过与科学、生物及校本课程的有机整合，在培养学生的动手实践能力与创新精神的同时，使学生能够了解现代农业产生及发展的过程。

第一节　培养学生"节能减排"意识与行为的实例

建设资源节约型、环境友好型社会是我国的一项基本国策。《中华人民共和国国民经济和社会发展第十二个五年规划纲要》对绿色发展，建设资源节约型、环境友好型社会提出了新的任务和目标。

学校是构成社会的重要组成部分，建设节约型学校作为国家教育发展的基本战略之一也已经被写入《国家中长期教育改革和发展规划纲要（2010—

2020 年)》。当前，很多学校都开始加大"节能减排"设施的投入，"节能减排"设施的安装与使用可以为学校节约资源带来一定的经济效益，同时，这些"节能减排"设施本身就是很好的教育资源，利用这些资源培养学生"节能减排"的意识与行为是教育本身的目标要求，是节约型学校建设的重要内容。

案例 1

水电站模型

【资源提供单位】北京顺义区杨镇第二中学
【资 源 类 型】学校经济领域可持续发展教育资源
【资源整合模式】统筹合作模式

资源名称：水电站模型
地理位置：北京顺义区杨镇第二中学校内
管辖单位：北京顺义区杨镇第二中学
提供单位：北京顺义区杨镇第二中学

【资源价值分析】

1. 水车的发明体现了我国古代农业科学的先进技术

中国自古就是以农立国，与农业相关的科学技术取得了卓越的成就。水利作为农业中不可缺少的一环，各朝各代都十分重视并致力于兴修水利工程，不论是灌溉渠道还是开凿运河都动员了大量的人力、物力和财力去营建。但是这些水渠大都分布在较平坦的农业区，至于高地或是离水源较远的农田，显然无法得到灌溉。于是中国人善用智慧，发明了一种能引水灌溉的先进农具——水车。

2. 利用废水、雨水进行发电能够节约水资源

平时学校里会有很多生活废水产生，这些生活废水往往会被浪费掉；同

时，雨季来临的时候，大量的雨水也会白白地流失。这些废水与雨水如果能够积聚起来，利用这些水能使水车转动，进而带动发电机发电，实现水能—机械能—电能的转化，则可以实现水资源的再利用。

3. 水电站模型能够与学生所学知识相结合

水电站模型蕴涵的物理学科力学（摩擦、轮轴、传动知识）、电学（发电机的构造和原理）、能量（能量之间的相互转化）等知识，可以有效地帮助学生了解水车从东汉产生时的情况到唐宋时代，人们在轮轴应用方面的能力有很大的进步，能利用水力为动力，不仅使水车发挥的作用更大，而且节约了宝贵的人力。到了元明时代，轮轴的发展更进一步。一架水车不仅有一组齿轮，有的多至三组，这个发展使水车的利用更有效益，体现了我国古代劳动人民的伟大智慧。

【资源开发策略】

水电站模型属于可持续发展教育经济领域的资源，是北京市顺义区杨镇第二中学的校内可持续发展教育资源。一方面学生通过对水电站模型的认识和了解，结合物理的学科特点，通过亲身感受掌握相关的物理知识，激发物理兴趣；另一方面，学校历史和思想品德教师开发的相关校本课程，使学生在了解我国古代劳动人民的发明创造——水车的同时，感悟我国古代劳动人民的聪明智慧和伟大的发明创造，激发学生强烈的爱国热情和爱科学、讲科学、用科学的情感和意识；此外，结合现代社会的能源使用情况，帮助学生认识到能源危机，从小树立节能环保的可持续发展的意识。

【资源整合策略】

北京市顺义区杨镇第二中学对校内水电站模型这一资源进行统一协调、筹划管理与使用，开展可持续发展教育。具体策略有以下几方面。

1. 制定教育目标

借助水电站模型，学生能够了解其中蕴涵的物理知识，了解利用废水、雨水进行发电的基本原理，进而从发明水车的伟大创举中，感悟我国古代劳动人民的智慧和伟大的创造力，激发其对劳动人民的热爱。

在实地学习中培养学生集体探究、讨论、分析问题的能力，使其能够掌握所学的物理知识，并利用物理知识进行发明创造。

2. 明确资源利用的途径与方法

实地考察：学生通过实地考察，了解水车的构造和水车的发展历史。以水力发电站的原理为切入点，激发学生求知的欲望，引发学生对古代劳动人民的热爱。

学科整合：通过探究水力发电站的构造和发电原理，使学生从力学、电学、能源与环境等方面理解物理学科所学的知识，进而培养对物理学科的兴趣。

跨学科整合：借鉴物理、历史等教学资源，进行学科整合，培养学生综合思考与创造性地解决实际问题的能力。

【资源利用成效】

通过对校内可持续发展教育资源——水电站模型的资源整合，结合物理学科自身的特点，实现了物理学科与校内资源、学科教育与可持续发展教育的有机结合，使师生了解了我国古代劳动人民的伟大发明，激发了师生爱祖国、爱人民的情感。

通过可持续发展教育资源课程化，教师的角色发生了转变，教师已不再只是一个知识的传授者，而是引导者、解惑者，引导学生成为新世纪具有可持续发展理念的接班人。教师可以和学生共同学习，共同实践。在教育的实践中教师增长了知识，提高了自身分析问题、解决问题、理论联系实际的能力，成为可持续发展教育的先行者，教师的素质也得到了提高。

通过可持续发展教育资源课程化，给学生提供了更多的可供学习的素材，充分体现了物理学科从生活走向物理、从物理走向社会的特点。

教师感言：

学生通过对水电站模型的观察和学习，对水力发电有了进一步的理解，在了解水力发电常识的同时也能够从可持续发展的角度认识与分析现实问题，从而会产生热爱劳动人民的朴素情感。把校内资源与学科教育有机整合起来的实践证明，可持续发展教育理念在学科教学中是有生命力的，可持续发展教育是深受学生欢迎的。

北京市顺义区杨镇第二中学　李顺利

学生感言：

鸟儿划过天空，风儿轻轻抚摸柳叶，伴着潺潺的河水声，我偶然遇见了你——水车。你圆形的身躯使我不由想起巨大的古式车轮，但你却发出汩汩的流水声，一刻不停地转动着，发出吱吱声。看看那褐色的木头，可想而知你度过了多少日月。你的声音在这气势恢弘的黄河面前似乎逊色几分，但依然有几分韵味。我却全然不知你将休息，因为你已完成你的使命。

后来才得知，在下川这偏僻的地方转动的你建于清乾隆五年，由木匠刘功所造，距今已有二百多年。当时你帮助耕农提水浇地，成为耕农的好帮手，为当地民众做出了巨大贡献，对农业的发展也起到了不可估量的作用，是古代的"自来水工程"。你不像你南方的伙伴，轻巧玲珑，却给人一种豪放、粗犷的感觉，正如这里的人一样。

而当我了解了你的历史，再想看看你时，你已停驻在那里，夕阳如此美丽，耳边流过的只剩下那磅礴的声音。你的工作已被现代高科技的水泵代替，但你那悠悠的历史却是谁也无法取代的。如今你也停了下来，欣赏两岸的美景，感受着辉煌成就。人们会惊叹地看着你，被你的气势所征服。他们同样会称赞这里的人民是多么有智慧。

沧桑岁月中，你虽不减当年风采，却也有点点伤痕。回想你当年的风景，再看现在，你或许会大吃一惊，转动了几百年的地方，竟有了如此巨大的变化，你说你怎么不晓得这是怎么变化的，那是因为你太忙，顾不上观察这两岸的变化。等你发现时，这里已建起了高楼，修起了大坝，架起了大桥。你惊叹祖国的变化是多么巨大，这里的人民又是多么勤劳！

水车已不再转动，但这里的变化却一直没有停息……

北京市顺义区杨镇第二中学　张佳琪

（北京市顺义区杨镇第二中学提供资料，王鹏编写）

案例 2

空调温度控制器

【资源提供单位】 北京顺义区第十中学

【资　源　类　型】 学校经济领域可持续发展教育资源

【资源整合模式】 统筹合作模式

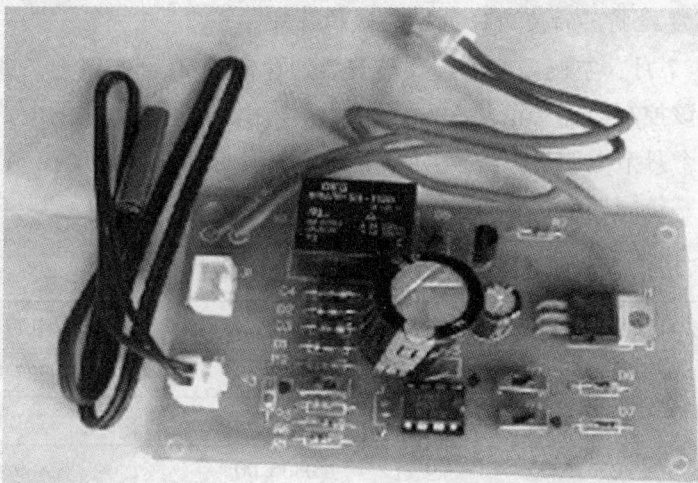

资源名称：空调温度控制器
地理位置：北京市顺义区第十中学校内
管辖单位：北京市顺义区杨镇第十中学

【资源价值分析】

1. 学校空调使用存在的问题

当前，为给教师提供更为健康、舒适的办公环境，很多学校都在教师办公室等场所安装了空调。但由于空调管理比较粗放，空调温度设置不合理，导致室内、室外温差过大，部分教师的身体出现了不适的感觉；同时，空调的长期运转，也导致了能效不高，浪费了大量电能，学校不得不为高额电费埋单。学校领导为此大伤脑筋。

2. 空调温度控制器能够有效解决空调耗电问题

2007 年 6 月，国务院办公厅下发相关通知，要求公共建筑内的单位，夏季室内空调温度设置不得低于 26℃，冬季温度不得高于 18℃。为了解决学校空调使用中存在的问题，学校设计了一个空调温度控制器。它相当于一个温度开关，能在夏季空调制冷时，保持室温在 26℃，并且在低于这个温度时自动断电，室温高于这个温度时自动供电。冬季制热时高于 18℃ 自动断电，低于这个温度自动供电。这样既为教师提供了较为舒适的办公环境，又能实现节电的目标。

3. 空调温度控制器的使用产生了良好的效果

在 2008 年 7 月，空调温度控制器被安装到学校的 60 部空调上。通过几个月的试运行，该控制器运转正常，发挥了预期作用。通过会计室的电费支出情况分析，这几个月节电明显，电费明显下降。下表是在安装温度控制器之后，学校当年与上一年同期电费开支的对比情况。

表 8 - 1　2007 年、2008 年月度电费支出

月　份	2007 年电费开支（元）	2008 年电费开支（元）	节省电费（元）
8	35872.00	26545.00	9327.00
9	32664.00	24393.00	8271.00
10	23675.00	20806.00	2869.00
11	42329.00	35872.00	6457.00
12	47351.00	45916.00	1435.00
合计	181891.00	153532.00	28359.00

表 8 - 2　2008 年、2009 年月度电费支出

月　份	2008 年电费开支（元）	2009 年电费开支（元）	节约电费（元）
1	49504.00	46634.00	2870.00
2	49504.00	41612.00	7892.00
3	30850.00	30132.00	718.00
合计	129858.00	118378.00	11480.00

几个月下来，共节约电费 4 万余元，实践表明，合理设置空调温度，科学管理空调的运行，既能提供比较健康、舒适的室内环境，满足正常的工作、生

活和学习需要，又能节约能源，保护生态环境，是一件利国利民的好事。

【资源开发策略】

空调温度控制器属于可持续发展教育经济领域的资源，是北京市顺义区第十中学的校内可持续发展教育资源。学校将这一资源引入高中的通用技术课，尤其是电子控制技术模块，通过介绍空调温度控制器的工作原理，进行电路分析，有利于学生更广泛地了解技术世界，更深入地学习系统和控制等技术的核心概念，更贴近地接触技术设计的实践。让学生领会到运用科学技术与合理的管理制度就可以节约能源，同时也营造了健康的生活环境。

【资源整合策略】

北京市顺义区第十中学对校内空调温度控制器这一资源进行统一协调、筹划管理与使用，开展可持续发展教育。具体策略有以下几方面。

1. 制定教育目标

借助空调温度控制器，让学生了解电子控制技术是由传感器、数字电路、电磁继电器和电子控制系统及其应用四个部分组成，同时也让学生了解电路的组合、改进和应用设计（技术的二次开发），从而能够更深入地学习系统和控制等技术的核心概念，更广泛地接受技术设计的实践锻炼，更多地接受技术思想方法的训练。

同时，引导学生在实际生活中有意识地关注"节能减排"问题，并尝试利用所学知识进行"节能减排"科技创新实践，从而进一步提高学生的技术素养，提升学生的综合素质，使他们能将所学的知识和技能很好地融合。

2. 明确资源利用的途径与方法

学科整合：空调温度控制器这一资源集传感器、数字电路、电磁继电器和电子控制系统于一身，可用于高中的通用技术学科教学中，尤其是选修模块电子控制技术，可在《电子控制系统的设计与制作》一章进行教学（图8-2）。

在教授这一内容时，教师可通过讲授该空调温度控制器的原理，使学生了解电子控制技术的基本组成，并让学生通过焊接实践，完成电子制作。

【资源利用成效】

多年以来，我国公共建筑的空调管理方式比较粗放，空调温度设置不尽合

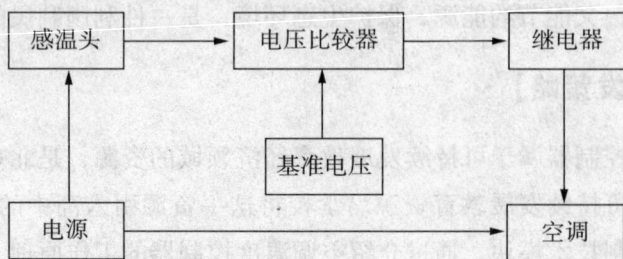

图 8 - 2　空调温度控制器工作原理

理，导致能效不高，能源资源浪费，增加了环境压力，与建设资源节约型、环境友好型社会的目标不相适应。空调温度控制器的发明，节省了能源，保护了环境，是一大好事。

通过可持续发展教育资源课程化，使教师的角色发生了转变，教师不再单纯是一个知识的传授者，而是成为了一个引导者、解惑者、创造者，成为学生的合作伙伴。

可持续发展教育资源课程化，给学生提供了一个学习和发展空间，以及亲身实践活动的机会，学生通过学习与生活密切相关的实际问题，建立起新型的学习方式，培养了学生的动手能力以及创新能力。

（北京市顺义区第十中学提供资料，王鹏编写）

第二节　引导学生关注现代都市型农业发展的实例

关注中国经济可持续发展问题必然需要关注农村发展，这是中国作为农业大国实现全面建设小康社会所面临的重要问题。改革开放以来，随着中国特色社会主义的发展，农村的面貌虽然取得了翻天覆地的变化，但是当前农业基础设施薄弱、农村的发展滞后、城乡居民收入差距扩大等影响农村可持续发展的问题依然突出，解决好"三农"问题仍然是工业化、城镇化进程中重大而艰巨的历史任务。融合科学技术的现代化农业是解决当代农村发展的重要途径，学生结合当前农村发展的实际问题，关注现代都市型农业发展，学会以科技手段寻找解决途径，这是农村地区可持续发展教育的特色。

![案例3]

北京顺义三高科技农业试验示范中心

【资源提供单位】北京市顺义区第十中学、北京市顺义区高丽营第二小学
【资　源　类　型】区域经济领域可持续发展教育资源
【资源整合模式】统筹合作模式

资源名称：北京顺义三高科技农业试验
　　　　　示范中心
地理位置：北京市顺义区北小营镇
提供单位：北京市顺义区高丽营第二小学

师生在顺义三高科技农业试验示范中心参观实践

【资源价值分析】

1. 北京顺义三高科技农业试验示范中心是区域发展都市型农业的龙头

北京顺义三高科技农业试验示范中心地处潮白河东岸，南临白马路，西临潮白河东岸的顺化路，交通便利。该中心是 1995 年初经北京市人民政府批准建立的市级科技农业示范区，是北京市科委、北京市农委和顺义区政府的共建园区。

北京顺义三高科技农业试验示范中心坚持以农业高新技术为先导，以首都科技力量为依托，注重引进国际先进技术人才，坚持创新，推进农业科技进步，促进农业科学技术成果转化为生产力，同时总结成功的经验，带动周边地区走科技兴农的道路，加快农业现代化进程。该中心区主要展示农业高科技产品，有高档花卉、转基因羊、特色菜、特色养殖及高档苗木等，有现代农业的"中关村"之称。

2. 北京顺义三高科技农业试验示范中心是青少年进行农业高科技科普教育的基地

北京顺义三高科技农业试验示范中心是一个集现代农业展示、农业科技成果转化、高新技术企业孵化、青少年科普教育和农业旅游观光等多种功能于一身的园区。该中心自建区以来就十分重视发挥科普功能和青少年科技知识培训功能。提出"教育下一代、服务中小学"的指导思想，成立了青少年科普教育部，通过课堂、参观、实践活动等有效的形式，可以让学生充分了解三高的内涵（高产、高效、高质量），了解顺义、北京乃至全国的农业发展情况，了解传统农业与现代农业的不同，并从中充分体会科技的力量及魅力。学生能够充分体会到农业与高科技结合在一起的奥妙，培养知家乡、爱家乡的情感，体会家乡的变化，并能够学到很多书本上没有的知识。

【资源开发策略】

北京顺义三高科技农业试验示范中心属于可持续发展教育经济领域的资源，是北京市顺义区第十中学与北京市顺义区高丽营第二小学开发的区域可持续发展教育资源。北京市顺义区第十中学将该资源与国家课程中的生物、语文、美术等学科及校本课程中的"顺义地理"等相结合，北京市顺义区高丽营第二小学将该资源与小学科学教材《植物》部分有机地结合。学生通过体会动手的乐趣、科技的奥妙，感受家乡的巨大变化，理解科技在促进农业及农村可持续发展中发挥的重要作用。

【资源整合策略】

北京市顺义区第十中学及北京市顺义区高丽营第二小学均对北京顺义三高科技农业试验示范中心这一资源进行统一协调、筹划管理与使用，开展可持续发展教育。具体策略有以下几方面。

1. 制定教育目标

使学生体验劳动的艰辛与乐趣，尊重农民的劳动成果，从而能够关注农业发展，了解高科技在现代农业上的应用，体会高科技农业的奥妙，进而理解北京现代农业发展现状及未来的发展趋势，体会现代农业可持续发展之路，树立新型农业的意识。

同时，培养学生具有初步的学科学、爱科学、用科学精神和运用科学方法解决生活、学习及农业与农村发展中实际问题的能力。

　　2. 明确资源利用的途径与方法

　　学科整合：与中学语文学科整合。在教师讲解记叙文写法的基础上，组织学生开展到北京顺义三高科技农业试验示范中心园区参观并写观后感活动，通过写景寓情，抒发学生的情感，达到教育的目的。与中学美术学科整合。结合初二美术学科相关内容，在课外实践活动中讲解陶艺制作。通过组织学生到北京顺义三高科技农业试验示范中心园区内的神笛陶艺村感受亲手制作陶艺的乐趣，培养学生的动手能力和创新能力。与小学科学学科整合。在学生认识几种生存在不同环境中的植物生长过程和生存习性的基础上，引导学生种植一株自己喜欢的植物，初步学会使用小铁锹、小铲、小锄头、小镐等工具，提高动手实践能力，感受生物的多样性。

　　校本课程：通过参观科技园区，让学生与社会生活紧密联系，把高科技作物的产量与传统作物以往的产量作对比，深刻体会学习知识的重要性。

【资源利用成效】

　　利用北京顺义三高科技农业试验示范中心，让学生走出校园，充分发挥了地域资源的优势，利用可持续发展教育理念把学校教育与社会资源结合起来，避免了教育与社会的脱节。

　　通过可持续发展教育资源课程化，使教师感受到教学不能只停留在讲授上，而是要引导学生，通过动脑思考、动手实践得出科学的结论。引导学生主动学习，这样学生才能爱学、乐学。在这一过程中，教师本身也受到不同程度的锻炼，学习知识，开阔视野。

　　通过可持续发展教育资源课程化，使学生走出校园，走进科技的海洋，通过看、听、动、记、画、编、演等来潜移默化地改变学生，使学生受到教育，促进了学生情感、态度和价值观的形成。学生们可以在浓厚的科学氛围中体验生物多样性的美好，感受快乐，通过身临其境地体会科技的力量及魅力，使学生充分感受到自己家乡的变化，了解身边科技的发展，更加热爱自己的家乡。这对学生的可持续发展价值观的形成和发展也起到不可估量的作用。

教师感言：

通过对本资源的开发和利用，学生在学习"植物"部分时，不仅对植物本身的知识有了一定的了解，而且对生物多样性、动手实践能力等诸多方面都有所提高。通过对北京顺义三高科技农业试验示范中心的考察、参观、实践活动，学生在亲历中，通过各个感觉器官真正感受了科学技术在提高、改变生产和生活水平和生活质量中所起到的作用。从而真正体会到了科技的力量及魅力，充分感受到自己家乡的变化。

北京市顺义区高丽营第二小学　付海峰

（北京市顺义区高丽营第二小学、北京市顺义区
第十中学提供资料，王鹏编写）

案例 4

中国西瓜博物馆和老宋瓜园

【资源提供单位】北京市大兴区庞各庄中学
【资　源　类　型】区域经济领域可持续发展教育资源
【资源整合模式】统筹合作模式、共栖共存模式

【资源价值分析】

1. 西瓜文化是北京市大兴区庞各庄镇的特色

北京市大兴区庞各庄镇是中国西瓜之乡，庞各庄的西瓜作为贡瓜已经有600多年的历史了，勤劳智慧的瓜乡人在种瓜、采瓜、卖瓜和品瓜过程中，创造了一系列文化活动，并逐渐形成了独特而极富魅力的西瓜文化。从1988年开始举行的"以瓜为媒，广交朋友"的庞各庄西瓜节已经成为大兴发展的一个契机和亮点，它把西瓜这种植物、这种产品，演绎成了一个特定的文化节日，活化了西瓜的文化史。

资源名称：中国西瓜博物馆
地理位置：北京市大兴区庞各庄镇
提供单位：北京市大兴区庞各庄中学

资源名称：老宋瓜园
地理位置：北京市大兴区庞各庄镇
提供单位：北京市大兴区庞各庄中学

2. 特色的地域资源有助于学生了解当地独有的西瓜文化

中国西瓜博物馆位于北京市大兴区庞各庄镇，是我国唯一一座以专业农作物命名的博物馆。展馆通过大量的图片、雕塑模型、各类图表等详细介绍了西瓜从起源到传入中国以及在中国尤其是在北京大兴庞各庄的发展历史，并在此过程中形成了独特的庞各庄西瓜文化，从三千年前的削瓜礼，到近年的大兴西瓜节，西瓜文化源远流长。该资源是生长在西瓜之乡的孩子们了解西瓜发展史的良好选择，是一处对学生进行可持续发展教育的较好的教育基地。

3. 特色的地域资源有助于学生了解当地农业的现代化发展

老宋瓜园是一个农业高科技示范园区，是大兴地区农业高科技发展的一个窗口，也是现代都市型农业发展的一个典范，尤其是庞各庄的代表农作物西瓜在这里更是已经充分和高科技结合在一起了。老宋瓜园是瓜王宋宝森先生创建的。他从一个地地道道用传统的栽培方式种瓜的瓜农到运用高科技手段栽培西瓜，使瓜园成为都市型农业的典范。在老宋瓜园里，西瓜栽在树上，爬在藤上，最多一棵树上结75个西瓜，西瓜成为盆景。此外，吊在空中生长的甘薯，神奇的西红柿树，砍完了再长的砍瓜，水培立体栽种的蔬菜……这里不仅环境优美，而且样样透着新奇，高科技无处不在。在这里，学生既能感受高科技农业的发展，亲身实践西瓜等的种植，也能感受到家乡的巨大变化，并能在这里学到许许多多书本上没有的知识。

【资源开发策略】

中国西瓜博物馆、老宋瓜园属于可持续发展教育经济领域的资源，是北京市大兴区庞各庄中学开发的区域可持续发展教育资源。学校将这一资源与国家课程、地方课程、校本课程三级课程有机整合，学生通过设计创新作品，构架庞各庄西瓜文化的知识框架，了解无土栽培、太空育种、立体栽培、西瓜树、西瓜盆景等高科技在现代农业种植上的应用，进而感受庞各庄西瓜文化及都市型现代农业带给家乡的新变化。

【资源整合策略】

北京市大兴区庞各庄中学结合本地区独有的地域文化，结合现代农村学生不太了解农村现代化发展的现状，利用中国西瓜博物馆和老宋瓜园这些资源，并与它们建立了良好的关系，采取整合资源、优势互补的共栖共存方式，开展可持续发展教育。具体策略有以下几方面。

1. 制定教育目标

使学生通过了解西瓜的相关知识，感受当地独有的地域文化，进而培养学生对中华民族优秀传统文化尤其是地方特有文化的热爱，培养民族自豪感和自信心，使他们更加热爱自己的家乡。

同时，使学生通过了解高科技在现代农业种植上的应用，感受北京现代农业发展现状及未来发展趋势，进而关注都市型农业发展，树立走都市型现代农业持续发展之路和做新型农民的意识。

2. 明确资源利用的途径与方法

与国家课程进行整合：与中学生物学科的整合。在初一学生学习生物学科《生物的营养》一章《植物的营养》一节中植物的无土栽培内容时，教材安排了让学生实习无土栽培的任务。针对这一要求，生物教师先利用 1 课时的时间，给学生讲解无土栽培的相关知识，然后再带领学生来老宋瓜园看无土栽培的蔬菜，请讲解员讲解无土栽培的方法。最后学生以小组为单位，实践无土栽培。整个过程中渗透了对学生进行生物多样性、现代新农村建设和都市型现代农业的教育。与中学语文学科的整合。初一下半学期语文写作部分主要是给学生讲解怎样写记叙文，包括"展开想象，自主创新"、"写景寓情，托物言志，贵在自然"、写人物小传等专题。教师先利用 1 课时的时间，讲解如何写好这三个专题，然后带学生到老宋瓜园参观，听讲解员讲解，并请瓜王老宋给大家介绍自己的奋斗经历。在此基础上，让学生展开想象，写心目中的都市型农业或未来的西瓜；也可以写景寓情，通过描写老宋瓜园的美景抒发自己的情感；还可以写关于瓜王宋宝森的人物小传。通过活动，增强学生走都市型现代农业持续发展之路和做新型农民的意识。

与地方课程进行整合：在北京市地方课程"环境与可持续发展"中的《都市型现代农业》一课的教学中，初二的地理教师先利用1课时介绍都市型现代农业及其发展趋势，然后带领学生到老宋瓜园亲身感受我们身边的都市型现代农业的发展，让学生了解家乡农业的新变化，更加热爱家乡。

开发校本课程：利用学校开发的"庞各庄西瓜文化"的校本课程，劳技、美术和综合实践教师互相配合，共同完成《中国西瓜博物馆》这一课。学生在查阅有关西瓜知识的基础上，通过参观西瓜博物馆，听讲解员讲解，了解西瓜文化的产生及发展过程，认识到自己的家乡是中国著名的西瓜之乡。同时，以西瓜文化的各种形式为载体，学生动手设计制作西瓜模型及西瓜文化的连环画和想象画，激发学生了解家乡独特的文化——西瓜文化的热情，并在学习庞各庄西瓜文化的过程中培养学生的动手实践能力与创新精神，培养学生对祖国传统文化的热爱之情，并更加热爱自己的家乡，为传承家乡独特的文化而努力。利用校本课程"庞各庄西瓜文化"，教师带领学生，根据时节在瓜王宋宝森老先生的指导下，在老宋瓜园亲身实践西瓜的嫁接、人工授粉、日常管理、收获等过程，让学生们进入农业科技的神秘领域，使学生体验劳动的艰辛，更加尊重和珍惜农民的劳动成果，关注农村都市型现代农业的发展并为此努力学习，长大后把自己的家乡建设得更加美丽。

【资源利用成效】

利用可持续发展教育理念把学校教育与社会资源连接起来，形成了具有地方特色的教育形式，充分发挥了这些地方资源的优势，解决了学校教育与社会发展相脱节的问题。在教育形式上让学生的学习从课堂扩展到社会，让学生的眼界开阔了，看问题的角度更广了，也使学校形成了自己的特色。例如，通过对西瓜博物馆的资源整合，挖掘整理了独特的地方文化——庞各庄西瓜文化，并形成了校本课程，使中国西瓜之乡庞各庄的文化底蕴更加丰厚，得以传承并发扬光大；学校也形成了自己的特色，成为西瓜之乡庞各庄的教育展示窗口，并成为远近闻名的农村学校。

教师感言：

学生通过了解西瓜及西瓜文化等，培养学生对家乡特有西瓜文化的欣赏能力。把劳技学科与美术等学科相结合，学生在提高动手能力的同时培养对西瓜文化的兴趣。本课使学生了解了大兴的资源，了解了西瓜文化，从而更加热爱家乡，热爱首都北京。学生学习的效果非常好，他们用铁丝和报纸、油漆制作出栩栩如生的大西瓜模型，并画出精美的连环画《燕子与瓜子》的故事，根据自己的想象画出各种各样的西瓜，这些作品中无一不透露出学生对自己家乡的热爱之情。

北京市大兴区庞各庄中学　王会欣

学生感言：

5月，我们在老师的带领下，参观了中国迄今为止最早以专项农作物命名的中国西瓜博物馆，博物馆分为两个展厅，西厅主要讲的是西瓜的历史、种类、价值和西瓜的形态、生长环境等，东厅主要讲的是西瓜的发展情况和西瓜节以及西瓜名人，参观完后，使我备受震撼。身为瓜乡的孩子，第一次完完全全地了解了西瓜的一些基本情况，知道西瓜的历史，西瓜的价值，西瓜的发展前景，西瓜种植历史的曲折，作为瓜乡的孩子，我进一步知道了肩上的重担，我要好好学习，长大后建设瓜乡，继承瓜乡的文化传统，并把它发扬光大，让西瓜文化在我们这一代人手中更加繁荣发展。

北京市大兴区庞各庄中学初二　贾　萌

（北京市大兴区庞各庄中学提供资料，王鹏编写）

案例 5

学校科技大棚和学校科技教育园区

【资源提供单位】北京市顺义区高丽营第二小学、北京市顺义区北石槽
中学

【资 源 类 型】学校经济领域可持续发展教育资源

【资源整合模式】统筹合作模式

高丽营第二小学学生参观学校科技大棚

资源名称：学校科技大棚
地理位置：北京市顺义区高丽营第二小学
校内
管辖单位：北京市顺义区高丽营第二小学
提供单位：北京市顺义区高丽营第二小学

北石槽中学科技教育区学生在学习

资源名称：北石槽中学科技教育园区
地理位置：北京市顺义区北石槽中学校内
管辖单位：北京市顺义区北石槽中学
提供单位：北京市顺义区北石槽中学

【资源价值分析】

1. 科技教育是培养学生创新意识和实践能力的重要渠道

创新在现代社会中具有重要意义，社会发展离不开创新。可持续发展教育
倡导培养学生批判性地思考与解决现实生活中的实际问题。开展好科技教育活
动，可以使学生的主动性、创造性得到充分的发挥。

2. 农业的现代化发展需要培养青少年的科技创新意识

为了提高未来农业、林业和经济作物的生产效益，实现高产、优质、高效
农业的发展目标，对一些国内外引进和精心培育的新品种需要加速发展，对一

些产量不高、经济价值不大的老品种要进行更新改造，同时还要不断提高植物的品质和抗性，这些目标的实现都需要对学生进行科学的教育。对学生进行科技教育，为当地的经济建设提供科技服务，促进当地经济的可持续发展。

【资源开发策略】

学校科技大棚、学校科技教育园区属于可持续发展教育经济领域的资源，是北京市顺义区高丽营第二小学和北京市顺义区北石槽中学结合科技教育开发的学校可持续发展教育资源。学校将这一资源与小学科学、中学生物等学科及校本课程有机整合。以校内科技教育基地为依托，通过开展学生科技种植活动，为学生直接参与农业实践和农业科学实验创造了有利条件。学生从中获得亲身参与观察、思考、实践、操作的积极体验，培养观察思考能力和创新精神。使学生能长期开展科学项目课题的研究，培养兴趣，掌握方法，提高能力。

【资源整合策略】

北京市顺义区高丽营第二小学、北京市顺义区北石槽中学结合学校科技教育特色，利用学校校内科技教育基地这一资源进行统一协调、筹划管理与使用，开展可持续发展教育。具体策略有以下几方面。

1. 制定教育目标

使学生通过学习与实践无土栽培等现代农业科学技术，了解农业科学研究的相关知识，在实践中培养观察和分析能力、动手实践的能力，养成合作的习惯及严谨的学习态度，培养爱科学、学科学、用科学的态度。

2. 明确资源利用的途径与方法

学科整合：与小学科学学科整合。结合小学《科学》第二册（三年级下册）中第二课《种植植物》与第三课《植物的生长》的教学，带领学生到学校科技大棚中观察植物、亲自种植植物；与中学生物学科整合。在科技教育园区内，学校每年组织学生种植各种蔬菜和大田作物，管理植物的整个生长过程，包括：播种、间苗、施肥、浇水、除草、打药和收获等。在上述过程中引导学生了解所种植物的品种特点和各项生理指标，关注它们的每一个细微生理变化，了解植物的生命萌发和由生到死的演变过程，进而引导学生认识自然，认识生命，尊重自然，尊重生命。

　　开发校本课程：北京市顺义区高丽营第二小学开发了校本课程"科学与种植"。充分利用学校科技大棚这一资源，与科技种植结合，这样植物穴盘育苗、无土定植番茄苗等新的教学内容孕育而生；讲农业种植课时带学生走进大棚，在本班的实验田中种植；在大棚中讲"无土栽培"，学生分组实验，感受种植的乐趣。北京市顺义区北石槽中学开发了校本课程"北石槽中学科技教育"。劳技、生物教师互相

北石槽中学学生在科技园中研究植物栽培

配合，共同指导学生完成"彩色西葫芦杂合体、纯合体育种"等课题研究，学生在查阅有关育种的知识基础上，通过参观科技园，听讲解来了解现代农业产生及发展过程，在学习的过程中培养学生的动手实践能力与创新精神，渗透可持续发展的教育理念。

【资源利用成效】

　　可持续发展教育资源的开发和研究，有效利用了学校得天独厚的优势，在北京顺义三高科技农业试验示范区依托下，把新型的农业种植知识传授给学生，更新传统种植观念，为农村培养新型农业科技人才打好基础。在教学中，专家从科技的层面上进行讲授与指导，教师在专家与学生之间搭建交流与沟通的桥梁，学生在认真学习的基础上提出问题。这样有讲授、有指导、有提问、有答疑、有实践的教学，才真正使学生成为教学的主体。教学过程中通过教师的引导、专家的讲解演示，使学生充分认识到，用无土栽培的方法进行种植不仅是摆脱了对土壤的依赖，而且这种高标准、高科技、高效益是未来农业发展的方向。学生在用基质栽培的方法为番茄苗定植的过程中，初步树立了科学的种植意识。通过学习，学生更加热爱科学，热爱劳动，促使学生个性全面、和谐地发展。

教师感言：

无土栽培种植技术是劳动技术课程一门崭新的课型，它是以学生的自主活动、直接体验为基本方式，以获取直接经验、培养综合能力、发展个性特长为主要目标，它与学科课有着本质的区别，能弥补学科课的某些不足。学校的科技大棚则是学生自行实践的最佳场所，有利于开展学生科技种植实践活动，为学生直接参与农业实践和农业科学实验创造了有利条件。学生从中获得亲身参与观察、思考、实践、操作的积极体验，培养观察思考能力和创新精神。在无土栽培种植教学实践中，每一位学生积极参与，合作是学生学习和成长的需要，学会与人合作能发挥每一位成员的优势，是智慧与力量的凝聚，是成功的基本保障。教学中，每一个步骤的实施都显示了各组的力量与才能，小组分工明确，组员各负其责且又互相帮助，合作的意识在本节课中得到了充分的体现。

北京市顺义区高丽营第二小学　王云燕

通过科技园区，使学生接触简单的科学研究项目，对科学研究全过程有认识，培养学生参与简单科学课题研究的方法和能力。开展适合青少年特点的科技活动，如结合本校的科技长廊、温室、实验室等组织学生开展一系列的植物生理、生化和生态的探究及新品种的培育。为学生搭建科学探究的平台，使全校的学生人人有探究课题，年年出探究报告，届届出高水平探究论文，这就体现了可持续发展理念。

北京市顺义区北石槽中学　杜云明

学生感言：

今天是 11 月 17 日，屋外已是天寒地冻，可我校的科技大棚依旧春意盎然，各种植物郁郁葱葱。我们要在老师的带领下和"三高"的高级农艺师李叔叔一起上一堂课，我的心情无比激动。

课一开始我们欣赏了长在穴盘里的番茄小苗，为了让小苗茁壮成长，大家一致同意该将它们定植了。李叔叔在老师的配合下给我们做定植的讲解，我们听得很清楚：需要 5 个步骤来完成：（1）备基质；（2）装钵、打孔；（3）放苗坨；（4）浇水；（5）保湿。可别小看了这五步，每一个步骤我们都向专家提出了问题，比如，基质的比例是多少，应该怎样浇水等。我们既学会了科技种植的方法，也明白了其中的道理，真是受益匪浅。该轮到我们大显身手的时候了，我们组有 4 位同学，大家分工合作，按刚才所学的方法为番茄苗定植。由于大家的通力配合，我们很快就完成了小苗的移植任务，我们组的张博可乐坏了，不由自主地举着小苗大喊"哦，耶！"全然忘记了这是在还有 70 个人在听课的课堂上。能学习到高科技的方法种植植物，真让我大开眼界。希望我们种下的小苗也能长成番茄树，结出很多的果实，更希望我国的科技农业发展越来越好。

北京市顺义区高丽营第二小学 荣 凯

（北京市顺义区高丽营第二小学、北京市顺义区北石槽中学提供资料，

王鹏编写）

参考文献

［1］罗洁，钱丽霞，等 . 2008. 在我们的学校引入可持续发展教育［M］. 北京：教育科学出版社：199.

致　　谢

　　衷心地感谢联合国教科文组织世界联合会副主席陶西平、中国联合国教科文组织全国委员会秘书长杜越、北京教育科学研究院原副院长张铁道对本课题的指导。感谢联合国亚太文化中心（ACCU‒UNESCO）的大力支持与资助。

　　感谢北京教育科学研究院可持续发展教育研究中心副主任谢春风和研究人员王巧玲及王咸娟、信息中心主任商发明和王桂英副研究员、基础教育教学研究中心副主任贾美华和小学数学教研室主任吴正宪，北京市石景山教科所原所长杨继英，北京市原西城区教科所荣树云，英总领事馆文化教育处项目官员姚春生，"自然之友"武汉小组负责人徐大鹏，内蒙古包头师范学院孙润秀，湖南省炎陵县鲁坑小学校长马安健，北京师范大学硕士研究生马昆，首都师范大学硕士研究生李佳，北京市房山区教科所所长甄增瑞、副所长郭树民，北京市门头沟区教科所原所长刘孟海、科研专家刘淑蕊，北京市大兴区教科所郑尚，北京市顺义区教科所周靖彦，北京市昌平区教师进修学校王欣，北京市密云区教研中心德育研究室王瑞成，北京市怀柔区教科所盛君恒，北京市通州区教师进修学校崔静平的通力合作。

　　感谢北京市门头沟区河南街小学、北京市门头沟区西辛房中学、北京市昌平区大东流中心小学、北京市昌平区阳坊中学、北京市大兴区庞各庄中学、北京市通州区马驹桥学校、北京市通州区漷县镇中心小学、北京市通州区永顺镇中心小学、北京市房山区良乡中学、北京市房山区良乡第三小学、北京市房山区周口店中学、北京市房山区周口店中心学校、北京市顺义区高丽营第二小学、北京市顺义区北石槽中学、北京市顺义区杨镇第二中学、北京四中顺义分校（顺义第十中学）、北京市密云县大城子中心小学、北京市密云县北庄镇中心小校、北京市平谷区第二中学、北京市怀柔区杨宋中学、湖北省武汉市黄陂区蔡店中心小学、湖北省洪湖市第一小学、湖北省驻港部队秭归希望小学、湖南省炎陵县鲁坑小学、湖南省炎陵县十渡镇学校、内蒙古包头市固阳县职业高中、内蒙古包头市第六中学、内蒙古包头市九原区沙河第二小学、内蒙古包头市蒙古族小学、内蒙古包头市青山区赵家营小学等单位积极参与本研究的创新感谢参与本研究的校长和老师们（按汉语拼音排序）：

蔡海宾、曹红永、陈立杰、崔旭东、戴峥宁、丁福柱、杜云明、冯玉海、付光、高利军、高素平、龚晓静、韩义昆、贺建华、黄小辉、江卫园、蓝燕平、李福兰、李君美、李立嘉、刘长玉、刘茱、刘和发、刘景峰、陆艳旗、马安健、潘杰、彭玉新、秦凤华、尚文鹏、谈晓霞、田东明、田小飞、王德启、王会欣、王珺燕、王立国、王升、王维、王文生、王鑫、王学文、王玉辉、席红伟、解春琴、闫仲名、杨红雁、杨敬东、杨晓红、姚继东、张本、张德秀、张福利、张建民、张金秋、张友芳、张子路、周晶晶、周少刚、朱秀荣等。

由于本研究涉及的单位、人员较多，受时间的限制以及各单位人员变动的影响，以上名单难免有遗漏，敬请各参与单位予以谅解。

— 187 —